**예술은 어떻게
비즈니스의 무기가 되는가**

예술은 어떻게
비즈니스의 무기가 되는가

0에서 1을 창조하는 혁신적 사고법, 아트 씽킹의 비밀

마스무라 다케시 지음 | 이현욱 옮김

더 퀘스트

세상을 사로잡는 발상은
예술에서 시작된다

어릴 적 내 아버지의 가족 중에는 예술가들이 여러 명 있었다. 물론 아버지도 예술 쪽 직업을 갖고 있었다. 어떻게 보면 조금은 특이하다고 할 수 있는 예술가 집안에서 자란 나는 초등학교 고학년 때쯤 한 가지 의문을 품게 되었다. 당시 대중의 인기를 한 몸에 받았던 문화계 스타 마쓰토야 유미松任谷由実, 무라카미 류村上龍, 나카오 아키라中尾彬, 쿄모토 마사키京本政樹 네 사람의 공통점에 관한 것이었다.

마쓰토야 유미는 그 시절 일본의 '국민 여가수'로 많은 사랑을 받았고, 무라카미 류는 아쿠타가와상(일본의 문학상. 나오키상과 함께 일본문학계 최고 권위의 상으로 평가된다)을 수상한 작가로 대중문학을 선도했다. 그리고 나카오 아키라는 개성파 배우로, 쿄모토 마사키는 깔끔한 외모의 미남 배우로 인기를 끌었다. 이 네 사람의 공통점이 무엇인지 혹시 눈치챘는가?

정답은 네 사람 모두 미술대학을 졸업(혹은 중퇴)했다는 것이다. 마쓰토야 유미는 일본화를 전공한 후 뮤지션이 되었고 무라카미 류는 유화를 전공한 후 소설가가 되었다. 나카오 아키라와 쿄모토 마사키도 각각 유화와 디자인을 전공하고 배우가 되었다. 이들이 미술대학을 나왔지만 전공과는 다른 분야에서 성공할 수 있었던 이유는 무엇일까?

나는 아버지를 포함해 친척들이 대부분 미술대학을 졸업하고 예술가가 되었기 때문에 당연히 디자이너, 화가, 도예가, 조각가 같은 예술가를 목표로 하는 사람이 미술대학에 간다고 생각했다. 그런데 위의 네 사람은 왜 미술을 전공하고도 다른 분야에 뛰어들었던 것일까?

어릴 적 그 의문은 풀리지 않았고 이후 수십 년의 세월이 흘렀다. 그리고 사회인이 되어 다양한 경험을 쌓고 나니 한 가지 가설을 세울 수 있었다. 바로 '그림을 그리는 것이 모든 창조의 원천'이라는 것이다.

마쓰토야 유미는 그림을 그리면서 작사 및 작곡에 대한 아이디어를 얻었을지 모른다. 그리고 그림을 그리기보다 노래를 부르는 것이 자신의 창의성을 표현하기에 가장 적합한 표현 수단이라는 사실을 깨달은 게 아닐까? 무라카미 류 역시 수백 장의 그림을 그리면서 자신에게 가장 적합한 표현 수단은 글을 쓰는 일이라는 결론을 얻지 않았을까? 다시 말해 그들은 그림을 그리는 행위를 통해 새로운 깨달음을 얻고 잠들어 있던 자신의 재능을 발견한 것이다. 그리고 그 재능을 각기 다른 분야에서 꽃피운 것이다.

현재 나는 사업가, 직장인을 대상으로 그림(데생) 그리는 강좌를 진행하고 있다. 이 강좌는 현역으로 활동하는 화가들을 강사로 초빙해 단순히 그림 실력을 키우는 것이 아니라 '우뇌와 좌뇌의 균형을 활용한 전체적인 사고 능력', '새로운 발상을 떠올리는 능력', '사물을 전체적으로 파악하고 조화롭게 사고하는 능력'을 높이는 데 목적을 두고 있다.

강좌를 수강하는 사람들은 대부분 그림 실력이 부족한 이들이다. 예를 들면 학창 시절에 미술을 제외한 모든 과목의 성적이 좋았던 사람, 다른 일은 다 잘하는데 그림만은 아무리 해도 늘지 않았던 사람들이다. 이렇게 다른 것은 다 잘하는데 미술만 못하는 이유가 있을까?

초등학교나 중학교 시절의 미술 시간을 한번 떠올려보자. 선생님이 "오늘 수업은 자유 주제로 그리기입니다. 그리고 싶은 것을 마음껏 그려보세요"라고 말한다. 선생님은 그림 그리기를 할 때 보통 감각과 감성을 중요하게 생각해서 주제나 지침 없이 마음대로 그려보라고 한다. 선생님 또한 종종 자신의 감각만으로 학생들의 작품을 평가하곤 한다. 따라서 좋은 점수를 받는 학생들의 기준이 모호하게 느껴질 때도 있다.

이렇게 어렸을 적 기억을 떠올리면 그림을 잘 그리기 위해서는 예술적인 감성을 길러야만 할 것 같다. 그러나 사실 그림을 그리는 데 필요한 자질은 두 가지다. 하나는 우리가 짐작했다시피 자신이 본래 가지고 있는 감성의 힘을 끌어내는 능력이다. 그리고 다른 하나는 놀랍게도 수학적인 사고법과 논리력이다.

그림을 잘 그리는 데 필요한 자질 중 하나가 수학적인 사고법이라는 사실에 좀 의아할지 모른다. 하지만 이는 틀림없는 사실이다. 그 근거로, 일본의 유일한 국립예술대학교인 도쿄예술대학교 현역 합격자의 대부분이 중·고등학교 때 수학을 잘했다는 사실을 들 수 있다.

이는 그림을 그리려면 감성과 감각을 담당하는 우뇌와 논리를 담당하는 좌뇌의 능력을 통합한 균형 잡힌 힘이 필요하다는 것을 보여준다. 여기서 초등학교와 중학교의 미술교육을 비판할 의도는 없다. 하지만 수업 시간에 자신이 그리고 싶은 것을 그저 마음대로 그리게 해서는 우뇌와 좌뇌의 능력을 모두 사용할 수 없다.

최근에는 경영학 석사인 MBA 학위 소지자보다 순수미술 석사인 MFA^{Master of Fine Arts}를 가지고 있는 사람이 더 주목받고 있다. 예전부터 비즈니스 세계에서 MBA 학위 취득은 현재 자신의 사회적 지위나 자격을 보여주는, 일종의 훈장처럼 여겨졌다. 하지만 현재 미국에서는 MBA보다 MFA를 소지한 인재를 더 원한다고 한다.

상품이 넘쳐나는 요즘, 확실히 눈에 띄면서도 매력적인 상품을 만들고 싶다면, 사람들이 제품을 사고 싶게 만들려면 디자인과 예술성이 굉장히 중요하다. 그렇기에 디자인과 예술성을 대학원에서 철저하게 연구한 MFA 소지자들은 우뇌와 좌뇌의 기능을 통합해 균형 잡힌 사고를 하고 매출로 직결되는 기술을 가지고 있다는 점에서 높은 평가를 받는다. 또한 MBA 소지자보다 그 수가 훨씬 적어 희소가치가 있다는 점도

MFA 소지자가 높은 평가를 받는 이유 중 하나다.

빠르게 변화하고 복잡하며 불확실성이 높은 오늘날의 비즈니스 환경에서 기존의 지식과 논리적 사고 또는 분석에만 의존해서는 한계에 부딪힐 수밖에 없다. 이제는 비즈니스에서도 전체를 직관적으로 파악할 수 있는 감성, 자신의 독자적인 시점에서 과제를 찾아내고 창조적으로 해결하는 힘의 중요성이 날로 커지고 있다.

지금까지는 주로 좌뇌가 담당하는 로지컬 씽킹Logical Thinking의 강화가 비즈니스 역량에서 중요하게 여겨졌다. 논리가 가진 힘도 물론 중요하다. 하지만 앞으로 이 시대를 잘 살아가기 위해서는 예술이 지닌 감성의 힘, 즉 아트 씽킹Art Thinking 역시 중요하다는 사실을 알아야 한다.

아트 씽킹은 한 마디로 '예술적 사고법'이며, 0에서 1을 만들어내는 혁신적 발상법이라고도 할 수 있다. 당신이 하는 일, 즉 어떤 업무에서든 특별한 무언가를 기획하기 위해서는 논리력(로지컬 씽킹)에 아트 씽킹을 더해야만 기존에 없던 '장르'가 만들어진다. 페이스북을 만든 마크 저커버그, 애플의 스티브 잡스, 에어비앤비 창업자 등은 모두 예술적 사고를 발휘해 혁신적인 비즈니스를 만들어냈다.

이 책에서는 이와 관련해 다양한 사례를 소개하면서, 우리가 일상적으로 마주하는 비즈니스와 평소 쉽게 접하지 못하는 예술의 관계를 이야기하고자 한다.

또한 아트 씽킹이 어떤 의미에서 당신의 업*에 무기가 되어 줄 수 있는지 하나씩 살펴볼 것이다. 1장에서는 혁신을 만드는 예술의 힘에 대해 살펴본다. 글로벌 기업의 CEO들이 왜 예술에 주목하는지, 예술 감각으로 어떻게 핫한 아이템을 만들었는지 이야기한다. 또한 요즘 기업에서 많이 찾고 있는 CCO^{Chief Creative Officer}에 대해서도 알아본다.

2장에서는 예술적 감각이 왜 통찰력을 길러주는지 살펴본다. 과학부터 IT, 의학까지 많은 분야에서 활용할 수 있는 예술의 힘을 알아보자.

3장과 4장에서는 많은 기획자가 얻고자 하는 능력인 창의성, 즉 크리에이티브에 대해 말한다. 어떻게 아트 씽킹으로 크리에이티브를 만들어내는지 알아본다.

5장은 아트 씽킹을 업무에 연결시키는 방법을 말한다. 이어 6장에서는 관점의 전환으로 예술적 사고를 깨울 수 있는 실전 훈련법이 수록되어 있다.

아이템, 시장, 서비스 등 비즈니스의 한계는 예술로 뛰어넘을 수 있다. 늘 새로움을 고민하는 기획자, 고객의 눈길을 끌고 싶은 디자이너, 빠르게 변하는 비즈니스 환경에서 혁신을 일으키고 싶은 경영자·CEO까지 아트 씽킹으로 다른 사람들이 상상조차 해보지 못했던 것들을 창조해보자.

예술은 어떻게 비즈니스의 무기가 되는가

• 1장 •

혁신,

새로움을 만드는 예술의 힘

흔히 예술은 비즈니스와는 거리가 멀다고 생각한다. 그런데 사실 예술은 항상 비즈니스를 일깨워 추진하는 원동력이 되어왔다. 이 장에서는 실제 사례를 살펴보면서 비즈니스의 아주 가까운 곳에 예술이 존재한다는 사실을 알아보도록 하자.

글로벌 기업이
예술을 대하는 자세

●

CEO와 사원이 함께 완성하는
낙서 아트

미국 캘리포니아주 실리콘밸리에 있는 페이스북^{Facebook} (2021년 '메타'로 상호 변경) 본사 건물에 들어가보면 곳곳에서 예술적 요소를 찾아볼 수 있다. 아무도 엄두를 내지 못할 것 같은 천장 높은 곳에 그림이 있는가 하면, 뉴욕의 지하철이 연상되는 낙서 같은 그림, 만화 속 영웅을 모티브로 한 그림도 있다.

게다가 이곳의 그림은 유명한 화가의 작품이 아니라는 점이 특징이다. CEO인 마크 저커버그Mark Zuckerberg가 직접 스프레이를 뿌려 그린 그래피티 아트, 사원들이 매일 덧그릴 수 있는 그림도 있다.

사무실 복도나 응접실 같은 곳에 고흐가 그린 정물화나 인상파 화가가 그린 아름다운 풍경화 등이 걸려 있는 회사는 우리나라에도 많이 있다. 그러나 페이스북이 특별한 것은 건물 곳곳에 그려진 그림 대부분이 미완성인 상태로 누구나 무엇이든 덧그릴 수 있다는 점이다.

페이스북은 2004년, 대학교의 한 기숙사 방에서 시작되었다. 그 후 시간이 흘러 이제는 세계적인 기업으로 자리 잡았음에도 여전히 창업자뿐 아니라 사원 전원이 아마추어 예술 활동을 공유한다는 건 이례적인 일이다. 물론 저커버그가 예술을 좋아한다는 이유도 있겠지만 그보다는 처음 기숙사 방에서 회사를 시작했을 때의 마음, 스타트업 정신을 잊지 않겠다는 메시지를 보여주는 게 아닐까?

이렇게 예술적 표현을 북돋우는 환경과 창의성을 마음껏 발휘하는 분위기 속에서 일하면 혁신의 싹을 꾸준히 키워나갈 수 있다. 이는 특히 거대해진 조직에서 반드시 중요하게 고려해야 할 경영 요소이기도 하다.

미적 감성에서 탄생한 에어비앤비

에어비앤비Airbnb는 이제는 모르는 사람이 없을 정도로 전 세계의 수많은 여행객이 이용하는 숙박 공유 사이트다. 그런데 이 에어비앤비가 미대생들이 만든 사업이라는 사실을 아는 사람은 많지 않다.

브라이언 체스키Biran Chesky와 조 게비아Joseph Gebbia Jr는 미국에서 미술대학을 졸업하고 디자인 회사를 차렸다. 하지만 디자인의 수주가 늘지 않아 회사 실적이 좋지 않았다. 그래서 조금이라도 매출을 보전하기 위해 자신들의 방을 사람들에게 빌려주었고 이것이 숙박 공유 서비스의 시작이 되었다.

회사가 궤도에 오르기까지 이들은 디자이너다운 다양한 방법을 시도했다. 빌려주는 방을 자신들만의 감각으로 꾸며서 그곳에 묵는 사람들이 멋진 사진을 찍을 수 있도록 했고, 마음을 사로잡는 창의적인 이벤트와 서비스를 고안해 숙박의 개념을 한 차원 끌어올렸다. 단순히 방을 빌려주고 빌려 쓰는 개념이 아닌, 여행이라는 '경험'을 강조하고자 한 것이다. 어떻게 보면 미술 전공한 이들의 독특한 시선이 있었기에 지금의 에어비앤비가 존재하게 되었는지 모른다.

명품 매장에 갤러리가 반드시 있는 이유

세계를 대표하는 명품 브랜드가 각 나라에서 매장을 열 때 지키는 하나의 명확한 규칙이 있다. 바로 플래그십 스토어에는 반드시 갤러리를 만든다는 것이다. 한국에도 있다. 청담에 있는 루이비통의 에스파스 루이비통 서울Espace Louis Vuitton, 도산공원 쪽에는 '현대 미술의 메카'라 불리는 에르메스의 아틀리에 에르메스Atelier Hermes가 있다. 일본에는 긴자에 있는 샤넬의 샤넬 넥서스 홀CHANEL NEXUS HALL과 에르메스의 긴자 메종 에르메스Ginza Maison Hermés, 시부야에 있는 디젤의 디젤 아트 갤러리DIESEL ART GALLERY 등이 있다.

각 갤러리는 전문 큐레이터를 두고 엄청난 공을 들여서 개성 넘치는 전시회를 다양하게 개최한다. 특히 샤넬 넥서스 홀은 독특한 전시회로 유명하다. 예술 전시뿐만 아니라 클래식

콘서트를 개최하기도 한다.

이는 지역의 문화 및 예술 활동을 지원하는 기업의 메세나Mecenat 활동(사회공헌 활동)이기도 하지만 브랜딩Branding 활동이기도 하다. 지금은 브랜딩이 기업가치를 좌지우지하기 때문에 경영의 전략적 측면에서도 브랜딩은 굉장히 중요한 요소다. 그리고 다른 업종이 예술을 메세나 활동의 일환으로만 규정하는 데 비해 명품 브랜드는 예술을 상품 전략에도 활용한다.

특히 루이비통은 세계적인 일류 아티스트들과 협업해서 만든 상품을 기간 한정으로 판매하곤 한다. 예로, 일본 팝아티스트 무라카미 다카시村上隆, 예술가 쿠사마 야요이草間彌生, 미국의 현대미술가인 제프 쿤스Jeff Koons와 협업한 루이비통의 가방을 종종 볼 수 있다. 세계적인 명품 브랜드와 아티스트의 관계는 서로의 가치를 인정하고 각자의 존재 의의를 높여가는 윈윈 관계라고 할 수 있다.

CCO가 뜨고 있는
시대

●

스티브 잡스의 진짜 오른팔은 누구?

당신이 어느 기업의 CEO라고 하자. 어느 날 문득 새로운 비즈니스 또는 상품에 대한 아이디어가 떠올랐다. 그러면 누구에게 가장 먼저 그 아이디어를 말할 것인가? 자금 마련이 중요하니 CFO(최고재무책임자)에게 말할 것인가? 시장의 수요나 소비자가 무엇을 원할지 알아보기 위해 CMO (최고마케팅책임자)에게 말할 것인가? 아니면 아이디어를 실행에 옮기기 위해 COO(최고운영책임자)에게 말할 것인가?

글로벌 혁신 기업의 CEO는 'CCO'에게 가장 먼저 말한다. CCO는 누구인가? 모든 디자인과 브랜드 활동에 관한 최고책임자, 즉 최고 크리에이티브 책임자 Chief Creative Officer를 가리킨다.

그렇다면 왜 CCO일까? 이유는 굉장히 간단하다. CEO의 머릿속 서랍 안에 넣어둔 사업 아이디어를 다른 이사회 임원들도 알 수 있도록 시각화하는 사람이 CCO이기 때문이다. 언어나 그래프가 지닌 논리적인 힘도 중요하지만 시각화를 통해 공유하는 힘은 그 이상으로 중요하다.

애플 Apple의 스티브 잡스 Steve Jobs는 아이디어가 머릿속에 떠오르면 CCO인 조너선 아이브 Jonathan Ive를 바로 불러서 프로토타입을 만들도록 했다고 한다.

잡스를 애플에서 쫓아냈다고 알려진 존 스컬리 John Scully도 단순히 로지컬 씽킹만을 중요시하는 사람은 아니었던 것 같다. 이전에 TV 방송에서 잡스가 제시한 모형을 스컬리가 스케치한 비주얼 메모를 본 적이 있다. 1984년에 작성된 이 메모는 잡스가 미래의 전화라고 이야기한 물건을 그린 것으로, 옆에 '맥폰 MAC PHONE'이라는 글자가 적혀 있다. 스컬리는 당시 CEO로서 자기 나름의 스케치 실력과 시각화 능력을 발휘해 아이폰의 원형이 된 아이디어를 그려냈다.

비즈니스 현장에서 필요성이
커지고 있는 CCO

일본에서도 약 30년 전 어떤 회사에서 CCO를 채용해 의사결정에 큰 영향을 미쳤던 사례가 있었다. 물론 당시 CCO라는 말은 없었으며 다만 그와 비슷한 역할을 맡긴 것이었다.

하루는 그 회사에서 어떤 상품의 이름을 결정하는 임원 회의가 열렸다. 해당 사업 책임자가 상품명에 대해 프레젠테이션을 했는데 모두가 그 상품명에 반대하는 상황이 벌어졌다. 그러자 CCO가 그 사업 책임자에게 도움의 손길을 내밀었다. 그는 로고타이프(로고)로 사람들의 생각을 바꿀 수 있을지도 모른다고 조언하면서 로고를 다시 만들어 프레젠테이션을 할 수 있도록 기회를 주었다. 회의가 끝난 후 그는 사업 책임자를 임원실로 불러 로고에 대해 함께 고민하기도 했다.

그렇게 해서 새롭게 탄생한 상품명은 다음 임원 회의에서 무사통과되었다. 아마도 그 CCO는 사업 책임자가 제안한 상품명이 세상에 널리 받아들여질 것이라고 직감했던 것 같다. 그 상품명은 30년이 지난 지금도 잘 사용되고 있다. '만약'을 가정하는 건 크게 의미가 없지만, 당시 그 회사에 CCO가 없었다면 다른 이름으로 상품이 출시되었을 것이고 30년 동안 그 상품이 꾸준히 판매되는 일은 없었을지도 모른다.

그 CCO가 바로 가메쿠라 유사쿠龜倉雄策 다. 가메쿠라 유사쿠는 1964년에 개최된 도쿄올림픽의 로고 디자인으로도 유명한 인물이다. 가메쿠라는 일본의 그래픽 디자이너 중에서도 세계적으로 인정받는 실력자다. 그는 NTT의 로고마크와 니콘Nikon의 로고마크 등 시간이 지나도 여전히 세련된 보편적인 디자인을 남겼다. 그리고 세계 최초로 픽토그램(남자·여자 화장실 마크로 대표되는 그림문자)을 개발한 것으로도 유명하다.

가메쿠라는 1997년에 타계했다. 그런데 그 회사는 이후 디자인 담당 임원을 새로 채용하지 않았다. 가메쿠라가 명예직 임원이 아닌 실제로 다양한 디자인 활동을 했는데도 말이다. 그리고 그가 타계한 1990년대 후반부터 미국의 비즈니스계에서도 CCO를 필수적으로 채용하기 시작했다.

혁신을 원한다면
예술이 답이다

●

테크놀로지 회사들이
광고업계에 뛰어든 이유

오른쪽 표 1은 2016년과 2004년의 세계 광고 회사 순위를 1위부터 10위까지 표시한 것이다. 순위를 살펴보면 등장하는 회사의 이름이 조금씩 달라졌다는 사실을 알 수 있다. 여기서 주목할 점은 액센츄어 Accenture 와 IBM이 2016년에 6위와 9위로 새롭게 10위권 안에 진입했다는 사실이다. 2004년에 이 두 회사는 순위권 밖에 있었다.

표 1 **2016년과 2004년 전 세계 광고회사 순위 TOP 10**

2016년

순위	회사명
1	WPP
2	옴니콤 그룹 Omnicom Group
3	퍼블리시스 그룹 Publicis Group
4	인터퍼블릭 그룹 Interpublic Group
5	덴쓰 電通
6	액센츄어
7	하바스 Havas
8	얼라이언스 데이터 시스템스 Alliance Data Systems Corp
9	IBM
10	하쿠호도 DY 홀딩스 Hakuhodo DY Holdings

2004년

순위	회사명
1	옴니콤 그룹
2	WPP
3	인터퍼블릭 그룹
4	퍼블리시스 그룹
5	덴쓰
6	하바스
7	이지스 그룹 Aegis group
8	하쿠호도 DY 홀딩스
9	아사쓰DK(현 ADK)
10	칼슨 마케팅 그룹 Carlson Marketing Group

※출처: Advertisingage, 'Agency Report 2016'.

표를 보면 알 수 있듯이 광고업계에도 다른 산업과 마찬가지로 디지털화의 파도가 밀려들고 있다. 그래서 다른 업종인 테크놀로지 회사, 특히 디지털 분야의 컨설팅에 강한 액센츄어와 IBM이 매년 매출을 늘려가고 있다. 그런데 이들은 어떻게 광고업계로 진입할 수 있었을까?

예전부터 광고회사에는 사내 또는 그룹 계열사에 영업 부문, 마케팅 부문 그리고 크리에이티브 부문이 마치 관행처럼 존재했다. 그렇다면 다른 일을 하다가 광고업계로 새롭게 진출한 회사는 어떨까? 사실 컨설팅회사로 유명한 액센츄어는 세계적인 규모로 디자인회사를 산하에 두고 있다. 액센츄어의 일본 법인 역시 2016년에 디자이너를 채용하고 디지털 마케팅을 하는 IMJ를 그룹 계열사로 두고 있다. IBM의 미국 본사에는 1,500명이나 되는 디자이너가 근무하고 있다.

오늘날 광고업계는 기술 발달로 광고 매체의 변화를 비롯해 커다란 전환기를 맞았다. 하지만 크리에이티브 부문은 지금도 변함없이 중요하다. 어쩌면 이런 기술을 적극적으로 활용해서 대상을 좁혀 타깃을 더 명확하게 할 수 있는 지금이야말로 크리에이티브 부문의 중요성이 훨씬 더 크게 다가오는 시기라고 할 수 있다.

기계학습으로 가능한 일은 앞으로 사람의 손을 거치지 않아도 될 것이다. 따라서 기계가 할 수 없는 진정한 창조의 영역에서 예술의 힘이 지금보다 더 중요해지고 그 필요성 역시 커질 것이다. 이것이 바로 IBM이 1,500명이나 되는 디자이너를 고용한 이유다.

IBM, 솔루션 컴퍼니로 도약하다

메인 프레임의 가장 큰 제조업체였던 IBM은 현재 사내에 1,500명의 디자이너를 거느린 솔루션 컴퍼니로 변신하는 데 성공했다. 이는 지금으로부터 30년 전인 1980년대 중반에 일어난 한 사건이 계기가 되었다.

당시 세계 최초로 개인용 컴퓨터^PC를 출시한 애플컴퓨터(현 애플)는 1984년에 초대 매킨토시를 시장에 내놓았다. 그런데 매킨토시 프로젝트가 실패로 끝나면서 책임자였던 스티브 잡스는 1985년에 책임을 지고 회사를 떠나게 되었다. 하지만 잡스가 떠난 후에도 매킨토시는 계속해서 개량된 버전이 발표되었고, 2년 후인 1986년에는 성능을 개선한 3대 매킨토시

플러스가 발매되었다. 그리고 이때부터 매킨토시의 약진이
시작되었다.

지금은 굉장히 오래된 이야기처럼 느껴지지만, 이후 얼마
안 되어 SCSI(스커지) 하드디스크드라이브를 사용해 대량 데
이터의 처리가 가능해졌다. 그리고 획기적인 애플리케이션인
어도비 페이지메이커Adobe PageMaker가 등장하면서 지금은 상식이
된 DTPDeskTop Publishing가 보편화되어 출판 분야에서도 혁명이 일
어났다. 당시 매킨토시 전용 애플리케이션이었던 마이크로소
프트 엑셀도 출시되면서 매킨토시는 PC 시장을 석권하게 되
었다.

이처럼 기술적 영역에서의 도약도 중요했지만 당시 매킨토
시가 시장을 장악한 것은 뛰어난 디자인이 높은 평가를 받았
기 때문이기도 했다. 애플컴퓨터의 파죽지세에 위기감을 느낀
IBM은 미술 교사를 초빙해 사내 엔지니어 200명에게 미술
교육 프로그램을 제공했다. 그림을 배우고 그림으로써 화가
나 디자이너와 같은 창의성을 키워 창조적인 문제 해결 능력
을 기르고자 한 것이다.

이로부터 약 30년이 흐른 2018년, IBM은 직원들에게 그림
을 배우게 하는 것을 넘어 1,500명이나 되는 전문 디자이너를

고용했다. 이로써 IBM은 솔루션 컴퍼니로서 극적인 변신을 이루었지만 그 출발점은 30년 전 진행한 그림 교육 프로그램이었다. 기술에 예술 부문을 도입하고자 했던 혁명적 사고방식이 아니었다면 지금의 IBM도 존재하지 않았을 것이다.

시각화로 얻는
일의 감각

●

방대한 데이터를 한눈에 보는 법

우리는 매일 방대한 데이터를 마주한다. 하지만 인간이 한 번에 인식할 수 있는 데이터는 겨우 A4용지 몇 장 정도에 불과하다. 아무리 뇌를 최대한 활용한다고 해도 인간이 수용할 수 있는 정보에는 한계가 있다. 그러나 가까운 미래에는 이 한계를 넘어서는 방대한 데이터에서 해답 또는 예측을 끌어내야 하는 시대가 올지도 모른다.

그런 시대가 온다면 통계 해석이나 데이터 분석 소프트, 기계학습 등이 아주 유용한 수단이 될 것이다. 하지만 그렇다고 해서 이런 도구들이 인간을 대신해 중요한 프로젝트와 관련한 결정이나 결재를 할 수 있는 것은 아니다. 최종적으로는 인간이 모든 것을 결정해야 한다.

그런 이유로 최근 데이터 시각화^{Data Visualization}가 큰 주목을 받고 있다. 데이터 시각화란 인간의 뇌로는 다 파악할 수 없는 방대한 데이터를 시각적으로 표현해 여기서 새로운 발견 또는 통찰을 끌어내는 것을 말한다.

전체를 파악하고 세부를 파고들어라

데이터 시각화 개발팀에서 일하며 도쿄예술대학교에서 디자인을 배운 사쿠라이 미노루^{櫻井稔}에게 데이터 시각화의 프로세스에 관해 물어본 적이 있다. 사쿠라이의 말에 따르면 데이터 시각화에 필요한 '어떤 것을 보고 이해하는' 프로세스는 그림의 기초가 되는 '데생을 그리는' 프로세스와 같다고 한다.

데생을 할 때 가장 중요한 것은 그리는 대상을 관찰할 때 부감俯瞰과 주관主觀을 반복하는 것이다. 일단 높은 곳에서 대상의 전체적인 모습을 내려다보면서 대략적인 형태를 파악하는 것부터 데생이 시작된다(부감). 이렇게 대략적인 형태를 파악한 후 조금씩 세부로 파고든다(주관).

그런데 초심자 중에는 세부에만 집착한 나머지 전체적인 균형을 고려하지 못해서 데생을 제대로 완성하지 못하는 사람이 많다. 데생을 할 때는 부감과 주관, 즉 전체를 파악하는 과정과 세부로 파고드는 과정을 교대로 반복하며 완성해나가야 한다. 바로 이 부감과 주관이라는 기술은 데이터 시각화 기법에서도 매우 중요한 역할을 한다.

시각화가 가져오는 새로운 발견

그림 1은 일본 상공(하네다 부근)의 비행 데이터를 지도 위에 비주얼 매핑visual mapping한 것이다. 하네다공항의 한 직원은 이 비주얼 매핑을 보고 큰 감명을 받았다고 말했다. 그들은 매일 비행기의 이착륙을 바로 눈앞에서 보지만 비행 데이터를 시각화해서 보지는 못했다. 이 시각화된 데이터

그림 1 **비행 데이터의 비주얼 매핑**

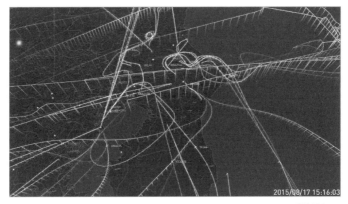

를 통해 비행기가 밀도 높은 공간에서 정확하게 계산되어 움직이고 있다는 사실을 다시금 인식하고, 자신이 하는 일의 의의를 깨달았다고 한다.

이런 깨달음은 평소에 좌뇌를 사용하는 논리적인 작업을 감각이나 감성을 담당하는 우뇌로 파악한 데서 온 것이다. 즉 시각화를 통해 얻은 새로운 발견이라고 할 수 있다. 이렇게 데이터를 시각화해 통찰을 끌어내는 기법은 오늘날 지역 발전과 통신 분야 등 다양한 분야에서 활용되고 있다.

핫 플레이스는 결국
예술가가 만든다

●

죽은 지역을 살리는 예술의 힘

도심이 아닌 변두리 지역에 예술가들이 하나
둘 살기 시작하면 조금씩 땅값이 올라간다. "예술가들이 살아
서 땅값이 오른다고?" 하며 믿지 못하는 사람도 많을 것이다.
하지만 부동산 가격 상승 문제가 심각한 도심 지역에서는 이
런 일이 상식까지는 아니어도 당연한 사실로 받아들여지고
있다. 왜 그럴까?

예술가들은 넓은 작업 공간을 확보하기 위해 이사를 반복

한다. 전 세계 많은 지역에서 도심과 가까운 부동산 매물은 상대적으로 임대료가 굉장히 비싸다. 그래서 예술가들은 가로등도 없는 어두운 창고 거리에서 적당한 매물을 찾기도 한다. 창고는 천장이 높고 안에 있는 물건도 함께 빌릴 수 있다는 장점이 있기 때문이다. 일본에서도 폐공장이나 창고를 예술가가 직접 고쳐서 공동 작업실로 사용하는 경우를 종종 볼 수 있다.

그렇게 이들이 작업 공간을 만들고 '오픈 아틀리에^{Open ate-lier}(제작 현장과 작품을 볼 수 있도록 작업실을 개방하는 것)'를 하거나 지역 주민을 대상으로 전시회 또는 아트 페어를 열면 현지 주민들이 교류할 수 있는 장이 만들어진다. 커뮤니티가 형성되어 거리 자체가 활기를 띠는 것이다.

빈 건물밖에 없던 옛 공장 터가 매력적인 공간으로 변신하면서 작은 카페나 빵집 등이 문을 열기 시작하고, 그 주변 공간으로 사람들이 계속 모여든다. 그리고 정신을 차려보면 어느새 잡지나 인터넷에 특집 기사가 실리는 등 시민들의 문화 공간으로 역할하고 있다. 흔히 말하는 '핫 플레이스'가 된 것이다. 부동산 가격이 상승할 수밖에 없다.

1980년대까지 창고 지역이었던 뉴욕의 소호는 젊은 예술가들이 모여 살기 시작하면서 그들의 주거지 겸 작업실이 밀집한 지역으로 변신했다. 그리고 지금은 구찌^{Gucci}, 에르메스, 루이비통 같은 명품 브랜드 매장이 잔뜩 들어선 고급주택가가 되었다.

1980년대에 소호 지역을 방문한 적이 있었다. 당시에는 폐공장과 창고가 밀집되어 있었고 여기저기 물감이 묻은 점프슈트 작업복을 입은 젊은 예술가들을 많이 볼 수 있었다. 그때만 해도 나 역시 이곳이 명품 매장이 줄지어 들어선 거리가 되리라고는 꿈에도 생각하지 못했다.

예술적 아이디어를 살려라

한때 뉴욕은 빌딩 벽 곳곳이 온갖 낙서로 뒤덮이면서 크게 홍역을 앓았던 적이 있었다. 낙서를 깨끗이 지워도 소용이 없었다. 지우면 또다시 그리고, 지우면 또 그리는 악순환이 이어져 청소 비용에 많은 예산이 들어가는 것은 물론 거리의 경관도 크게 훼손되었다.

그때 한 빌딩 주인이 아이디어를 떠올렸다. 그는 낙서를 지우는 대신 예술가들에게 벽에 그림을 그리게 했다. 이후부터 지저분한 낙서가 갑자기 뚝 멈췄다. 아마도 몰래 건물 벽에 낙서하던 사람들이 예술가들이 그린 그림을 보고 감동해서 그림을 더럽히거나 미관을 해쳐서는 안 되겠다고 생각한 게 아닐까. 이렇게 예술가들이 벽에 그린 그림은 현재 그래피티 아트(월 아트)로 뉴욕의 소중한 관광자원이 되었다.

또한 이 그래피티 아트는 단순히 벽에 그린 그림이 아닌 예술로 인정받고 있다. 이를 보여주는 뉴스가 AFP통신에서 보도되었다. '2018년 2월 12일, 뉴욕 연방법원은 그래피티 아트를 훼손한 빌딩 주인이자 부동산개발업자는 예술가 21명에게 총 675만 달러의 손해배상을 하라고 명령했다'라는 기사였다. 예술가들이 시각예술가권리법 위반으로 손해배상을 요구하는 소송을 제기해 승소한 것이다.

원래 이 부동산개발업자는 20년에 걸쳐 예술가들에게 그래피티 아트를 그릴 공간을 제공해왔다. 그리고 이 그래피티 아트 덕분에 그 일대는 관광 명소가 되었다. 하지만 관광 명소가 되어 부동산 가격이 오르자 그는 그곳에 고급주택을 짓기 위해 그래피티 아트를 훼손했던 것이다. 연방법원은 예술 작품을 통해 부동산 가격이 상승했다는 사실을 들어 부동산개발업자가 그 가치를 훼손했다고 보고 그에게 손해배상 명령을 내렸다. 이 점에서 보면 뉴욕 연방법원이 합당한 판결을 내렸다고 할 수 있다.

낙서를 지울 것인가, 예술가를 고용할 것인가

도쿄의 어느 지역에서는 낙서 대책에 매년 2,000만 엔을 쓰고 있다고 한다. 만일 과거의 뉴욕처럼 낙서를 지우고 다시 낙서로 도배되는 과정이 5년 동안 반복된다면 총 1억 엔이 청소 비용으로 들어가게 된다. 그러나 예술가에게 매년 1,000만 엔을 지불하고 그림을 그리게 하면 5년간 9,000만 엔이 절감된다. 비용 대비 효과 면에서 매우 효과적인 대책이라 할 수 있다. 또한 비용 절감 효과 이상으로 거리의 미관도 좋아져서 뉴욕처럼 거리 자체의 가치가 높아질 가능성도 있다.

2017년 일본에서도 거리에 새로운 가치를 부여하는 것을 목적으로 활동하는 NPO법인 365분노이치365ブンノイチ가 설립되었다. 365분노이치는 그 첫 활동으로 시부야의 미야모토

공원 재개발 구역의 벽면에 총 200미터에 이르는 벽화를 제작했다. 이는 세계에서 가장 큰 규모의 예술 작품으로서 앞으로 이 단체가 어떤 활동을 해나갈지 기대되는 대목이다.

세계적 경영자들은
왜 예술에 집착할까?

●

미술관을 설립한 위대한 경영자들

글로벌 기업, 삼성에서는 창업자인 이병철 회장이 수집한 미술품을 바탕으로 호암미술관을 설립해 전시회를 개최하고 있다. 이데미쓰^{出光}, 아티존^{アーティゾン}, 산토리^{Suntory}, 시세이도^{資生堂} 등 일본을 대표하는 기업도 마찬가지다. 갤러리를 설립해 다양한 전시회를 정기적으로 개최한다.

미술관을 운영하기 위해서는 막대한 비용과 노력이 필요하다. 전시 공간은 물론이고 미술작품을 보관하기 위한 수장고도 필요하다. 일반적인 창고에서 보관하면 시간이 지나면서 작품이 훼손되기 때문에 수장고의 온도, 습도 등 내부 관리도 철저하게 이뤄져야 한다. 그리고 미술관에는 큐레이터를 비롯해 상근 직원들도 두어야 해서 짓기만 하면 그만이라는 안이한 생각으로는 절대 운영할 수 없다.

　그런데 경영자들은 왜 이렇게 힘든 일에 수고를 아끼지 않고 큰돈을 들여서까지 미술관을 소유하고 운영할까? 이 세상에 존재하지 않는 부가가치를 만들어낸 이 경영자들의 예술성을 살펴보고 이들과 예술 분야의 상관성에 대해 생각해보자.

창조적 비전의 출발점은 예술이다

　　　　경영학자 헨리 민츠버그Henry Mintzberg는 저서 《MBA가 회사를 망친다Managers not MBAs》에서 매니지먼트란 본래 기술(경험), 예술(직관) 그리고 과학(분석)의 융합이라고 말했다. 그 각각의 역할을 살펴보면 첫째, 기술은 눈에 보이는 경험을 바탕으로 실무 능력을 키운다. 둘째, 예술은 창조성을 키워 직관과 비전을 만들어낸다. 마지막으로 과학은 체계적인 분석과 평가를 통해 질서를 만들어낸다. 이 세 가지가 균형을 이루며 각각의 역할을 다할 때 매니지먼트가 성공한다고 민츠버그는 말한다.

기업의 성장기나 안정기에는 이미 만들어진 체계나 시스템을 어떻게 효율적으로 운영할지가 가장 중요하기 때문에 기술과 과학의 역할이 크다. 앞서 소개한 미술관을 소유한 기업들, 이데미쓰, 브리지스톤(현 아티즌), 산토리, 시세이도는 제2차 세계대전이 일어나기 전부터 있던 회사였다. 하지만 전쟁이 끝난 후 아무것도 없는 혼란스러운 상태에서 처음부터 다시 시작해야 했다. 이런 상황에서는 예술이 가장 중요한 역할을 한다. 모든 것이 리셋된 사회에서는 창조성, 즉 예술의 역할이 아주 중요하다.

그리고 예술이 만들어낸 창조적인 비전이 기술을 통해 실현되고 업무가 재편되면 과학을 통해 분석이 이뤄지고 시스템 효율화가 진행된다. 이 과정의 원동력이 되는 것이 바로 혁신과 창조적 아이디어를 끌어내는 예술이다. 다시 말하면 비즈니스의 출발점은 예술가가 새하얀 캔버스에 작품을 그려나가는 프로세스에 가깝다고 할 수 있다.

미국의 비즈니스계에서는 칭찬의 의미로 '아트 오브 비즈니스Art of Business(이제까지 본 적이 없는 예술적으로 멋진 비즈니스)', '아트 오브 딜링Art of Dealing(완벽할 정도로 멋진 예술적인 거래)'이라는 표현을 사용한다고 한다. 예술이라는 개념이 단순히 예술적 표현을 가리키는 데 그치지 않고 광범위한 활동과 분야에서 사용되는 것이다.

혁신적인 예술은 기술, 과학과 함께 달리기 시작하면서 점점 시스템화·효율화되어 평준화된다. 대체로 뛰어난 예술은 항상 다른 누군가가 모방하려고 한다. 그리고 모방이 확대되면 예술은 평준화된다.

한 예로 세계 최초의 스마트폰인 아이폰이 2007년에 처음 등장했을 때 다른 휴대전화는 대부분 피처폰이었기에 모든 사람이 아이폰을 한 번에 알아볼 수 있었다. 하지만 지금 휴대전화를 모아놓고 보면 한눈에 아이폰을 가려내기가 쉽지 않다. 아이폰이 출시된 지 10년 이상이 지난 지금은 다른 회사들이 아이폰을 모방해서 거의 모든 휴대전화가 스마트폰화(아이폰화)되었기 때문이다.

그러나 이는 예술이 부재한 기술일 뿐이다. 이렇게 범용품화commoditization가 진행되면 결국은 가격경쟁이라는 결과로 이어진다. 그다음에 어떤 일이 일어날지는 모두가 잘 알고 있을 것이다.

21세기의 5분의 1이 끝나가는 지금도 우리를 둘러싼 환경은 계속해서 빠르게 변화하고 있다. 위대한 예술가인 경영자들이 만들어낸 상품과 서비스 역시 시간이라는 파도를 만나면서 점점 새로움을 잃어가고 있다. 그렇다면 지금 이 상황에서는 헨리 민츠버그가 말한 예술, 기술, 과학 중 무엇이 우리에게 가장 필요할까?

비즈니스맨이 예술을 공부하는 이유

벌써 2, 3년 정도 지난 이야기다. 뉴욕의 유명한 갤러리와 계약을 맺은 한 일본인 화가에게서 재미있는 에피소드를 들은 적이 있다. 미국에서는 임원으로 승진하면 미술(감상법, 미술사 등)을 공부해야 한다고 한다. 그 이유는 크게 두 가지다. 하나는 임원들 간의 거래 협상 자리에서 가볍게 담소를 나눌 때 예술에 관한 화제가 많이 등장하기 때문이다. 예술적인 교양이 없으면 돈에만 관심이 있는 사람으로 보이고 그것이 약점이 되어 결과적으로 회사에 불이익을 끼칠 수도 있다고 한다.

다른 하나는 예술을 공부하면 경영자로서 새로운 시각과 통찰을 얻을 수 있기 때문이다. 대부분 임원은 처음에는 억지로 예술 분야를 공부한다고 한다. 하지만 곧 예술에 대한 애정이 생겨 팬이 되고 수집가가 되는 사람도 많다고 한다.

세계에서 가장 공리적이라고 하는 미국의 기업조차 예술이 가진 힘과 가치를 이해하고 있는데, 일본의 기업에는 예술의 가치를 모르는 사람들이 너무 많다고 그 화가는 한탄했다. 그 화가의 작품을 사는 대부분 사람은 일본인이 아니라고 했다. 그는 모국인 일본에서 자신의 작품을 많이 사서 한 명이라도 더 많은 일본인이 자신의 작품을 감상해줬으면 좋겠다고 말했다. 그런 그의 모습이 굉장히 인상에 남았다.

그 외에도 경영자들은 시대의 가치 향상에 기여하기 위해 예술을 공부하고 후원한다. 특히 기업의 창업자들은 막대한 시간과 경비를 투자해 미술관을 짓고 수집한 작품 컬렉션을 공개하기도 한다. 이는 노블레스 오블리주noblesse oblige, 즉 사회적 지위가 높고 성공한 사람의 사회 공헌에 대한 굳은 의지라고 할 수 있다. 브리지스톤의 창업자이자 브리지스톤 미술관의 초대 관장인 고故 이시바시 쇼지로石橋 正二郎는 이렇게 말했다.

"좋아하는 그림을 구매하는 것은 그 무엇보다도 즐거운 일이다. 하지만 처음부터 이런 명작은 개인이 혼자 보관할 것이 아니라 미술관을 만들어 공개함으로써 문화 향상에 기여하고 싶다고 예전부터 생각했다."

경영자 자신에게 용기를 주고 마음의 기댈 곳이 되어주기도 하는 작품을 모두에게 공개해 함께 풍요로운 시간을 보낼 수 있길 바라는 마음, 이 역시 사회 공헌이라 부를 수 있을 것이다. 최근에는 벤처기업으로 크게 성공한 한 경영자가 도쿄에서도 땅값이 비싸기로 유명한 하라주쿠에 미술관을 세운다는 이야기를 들은 적이 있다. 이는 효율성을 중시하는 경영자로서 내리기 어려운 결단이다. 그러나 이런 생각과 태도가 결과적으로는 그 사회와 시대의 가치 향상에 기여한다.

피터 드러커, 예술에 빠지다

현대 경영학의 아버지라 불리는 피터 드러커 Peter Drucker 는 전 세계의 경영자와 지도자뿐 아니라 수많은 회사원에게도 영향을 끼친 가장 저명한 경영학자다. 그런데 그가 세계에서도 손꼽히는 일본화 수집가라는 사실은 잘 알려지지 않은 것 같다.

드러커는 런던의 은행에서 근무하던 1934년에 우연히 길을 헤매다가 들어가게 된 전시회에서 일본 미술을 처음 접했다고 한다. 그때부터 일본 미술에 빠져 일본을 첫 방문한 1959년부터 수묵화, 선화禪畫(선종의 교의나 정신을 표현한 그림)를 중심으로 작품을 수집하기 시작했다. 이렇게 수집한 컬렉션 대부분은 드러커의 별장에 걸렸고, 그는 이를 '산장 컬렉션'이라고 불렀다. 드러커는 생전에 일본화에 대해 질문을 받으면 다음과 같이 대답했다고 한다.

"일본화는 저의 정신을 각성시키고 세계에 대한 시선을 바로잡아 줍니다. 그래서 일본화를 즐겨 감상합니다."

그리고 작품을 수집할 때는 왜 이 작품에 마음을 빼앗겼는지, 왜 특별하게 느껴지는지 자문자답을 반복한다고 한다. 그렇게 작품을 오랜 시간 감상하고 기존 수집품과의 조화까지 고려한 다음에야 자신의 컬렉션에 추가했다고 한다.

창조적 경영과 예술의 공통점

미국의 경영학자로 현대 경영학을 확립한 드러커가 일본화에 매료된 이유는 무엇일까? 지금까지의 이야기에서 유추해보면 예술과 경영의 공통점이 조금씩 보일 것이다.

1. 새로운 가치를 창조한다

예술가는 새하얀 캔버스 위에 붓으로 새로운 자기표현을 함으로써 작품을 만든다. 이런 예술가와 마찬가지로 혁신적인 기업은 지금까지 존재하지 않았던 새로운 가치를 만들어낸다. 이는 아무것도 그려지지 않은 캔버스에 세상에 없는 작품을 그려나가는 화가의 작업과 굉장히 비슷하다.

2. 조화와 균형을 유지한다

뛰어난 예술 작품에는 절묘한 조화와 균형이 꼭 필요하다. 드러커가 수묵화와 선화에 매료된 이유 역시 이 부분일지도 모른다. 사업 경영에서도 경영자와 사원들이 하나가 되고 다양한 사람들이 조화를 이루는 것이 중요하다. 이 조화와 균형을 유지하는 감각이 바로 예술이라고 할 수 있다.

3. 시대를 읽어낸다

뛰어난 예술가는 항상 시대를 정확하게 파악해서 작품에 반영한다. 현대미술의 거장 앤디 워홀Andy Warhol은 대량소비 문화를 상징적으로 보여주기 위해 캠벨수프Campbell Soup, 마릴린 먼로Marilyn Monroe 등 누구나 알고 있는 물건이나 사람을 모티브로 작품을 제작했다. 워홀은 당시 세계적인 소비국가였던 미국 사회를 꿰뚫어 보고 이를 예술의 형태로 옮겨와 대중에게 보여준 것이다.

기업의 상품이나 서비스도 이와 똑같다고 할 수 있다. 시대의 흐름을 읽어내고 그에 맞는 형태로 만들어내지 못한다면 사람들의 마음을 사로잡을 수 없다.

이렇듯 예술과 경영의 공통점을 하나씩 짚어보면 최근 많은 기업이 미래의 경영진 후보를 기존처럼 비즈니스스쿨에 보내지 않고 아트스쿨로 보내는 현상도 충분히 이해되는 대목이다. 앞으로의 경영은 더욱 인간 중심적이고 창조적인 분야로 나아갈 것이라는 점을 염두에 두도록 하자.

기획은 논리로만 하는 게 아니다

이제 예술이 지닌 중요한 요소들이 비즈니스 영역에서도 너무나 많이 활용되고 있다는 사실을 이해했을 것이다. 예전에 유럽에서 활발하게 활동하는 지인에게 이런 말을 들은 적이 있다. 서양 사람들은 사고의 80퍼센트가 논리적이고, 라틴계 민족은 70퍼센트, 일본인은 60퍼센트가 논리적이라는 것이다. 이는 반대로 생각하면 일본인은 다른 민족보다 감성이 풍부하다는 뜻이라고 볼 수 있다.

나는 지금까지 많은 사람의 사고방식을 지배해온 미국식 로지컬 씽킹을 부정할 생각도 없을뿐더러 예술 원리주의자는 더더욱 아니다. 다만 이 로지컬 씽킹만으로는 곧 천장에 가로막혀 새로운 가치 창출이 불가능하다는 사실을 말하고자 할 뿐이다. 최근에는 미국인들도 그 사실을 깨닫기 시작한 것 같다. 수십 년 전까지만 해도 비즈니스계에서 전혀 주목받지 못했던 MFA 소지자가 이제는 중요한 인재로 인정받고 부상하는 시대가 되었다.

그러나 여전히 우리는 수많은 상황에서 로지컬 씽킹을 사용한다. 예를 들면 회의 등에서 제안이 통과되기 위한 논리적인 숫자, 클라이언트를 설득하기 위한 근거의 검증, 데이터 작성 등 로지컬 씽킹이 필요한 부분이 있다. 하지만 이런 것들은 0에서 1을, 즉 무에서 유를 창조해내는 것은 아니다. 1을 2로 만들거나 2를 3, 4, 5로 개선하는 것이다. 물론 개선도 중요하지만 인간 고유의 능력과 창의성이 중요시되는 요즘, 0에서 1을 만들어내는 예술(직관)의 씨앗을 뿌리는 일이 점점 더 중요해지고 있음을 염두에 두어야 한다.

• 2장 •

통찰력,

문제를 발견하고 가치를 창조하라

1장에서는 예술이 비즈니스와 밀접한 관계가 있다는 사실을 밝히고 예술의 핵심적인 요소들이 비즈니스에서 활용되고 있는 사례를 소개했다. 2장에서는 오늘날 예술의 위치에 대해 정리하고 그 의미와 역할에 대해 생각해볼 것이다.

과학, 기술, 디자인
그리고 예술

●

감성으로 문제를 제기하고
새로운 가치를 창조한다

　　　　　　　수많은 분야와 영역 사이에서 예술은 어떤 위치에 있을까? 일단 예술은 절대로 고립된 분야가 아니다. 예술은 다양한 영역과 밀접한 관계를 맺고 있다. 만일 예술이 다른 분야와 동떨어져 어떤 특정한 위치에 있다고 생각한다면 이는 예술에 대한 잘못된 이미지를 갖고 있는 것이다. 하지만 예술의 주된 역할이 무엇인지를 생각하는 관점에서 예술의 위치를 생각해보면 앞으로 우리가 무엇을 논의하고자 하는지 더욱 명확히 알 수 있다.

그런 의미에서 예술과 관련이 있으면서도 각각 다른 역할을 하는 과학, 기술, 디자인과의 대비를 통해 예술의 위치와 역할에 대해 정리하고자 한다. 그림 2는 이 관계를 정리한 것으로, '문제 제기·가치 창조-과제 해결'과 '논리-감정'이라는 두 가지 축을 지닌다. 이 두 축 안에 기술, 과학, 디자인, 예술을 각각 배치하면 그림과 같다.

그림 2 **예술의 주된 역할을 생각하는 관점에서 본 예술의 위치**

도표의 3사분면에 위치한 기술을 보자. 그림대로라면 기술은 논리로 과제를 해결하려고 한다. '애드테크Ad Tech'라는 말을 들어본 적이 있을 것이다. 인터넷에서 검색하면 나오는 광고나 SNS에 표시되는 광고를 최적화하는 기술을 말한다. 지금까지는 많은 사람이 볼 수 있도록 만드는 대중매체 광고가 주류를 이뤘지만 IT 기술의 발전으로 각각의 이용자에게 최적화된 광고를 보여줄 수 있게 되었다. 이 애드테크는 광고업계의 과제를 해결하고 광고업계 자체를 크게 변화시키고 있다.

1사분면에 있는 과학은 논리로 문제를 제기하고 새로운 가치를 창조한다. 대표적인 예로 뉴턴의 만유인력 법칙이나 아인슈타인의 상대성 이론을 생각해볼 수 있다. 최근의 사례로는 야마나카 신야山中伸弥 교수가 발견한 인공다능성줄기세포induced Pluripotent Stem, iPS의 연구개발이 있다. 이 연구는 재생의료라는 새로운 가치를 창조함과 동시에 생명에 대한 윤리적인 문제를 제기했다.

4사분면의 디자인은 감정으로 과제를 해결한다. 상품의 패키지 디자인을 바꿔서 매출을 몇 배나 올린 예는 수없이 많다. 사람들의 감성에 호소함으로써 과제를 해결하는 것이 디자인의 역할이다. 잘 디자인된 식기나 가구를 통해 기분이 좋아지고 마음이 여유로워지는 것 역시 감성으로 과제를 해결한 예로 봐도 좋을 것이다.

마지막으로, 2사분면에 있는 예술은 감성으로 문제를 제기하고 새로운 가치를 창조한다. 인상파 화가들에 대해 생각해보자. 당시 주류 화단은 대상을 사실적으로 묘사하는 것을 중요하게 여겼다. 그러나 인상파 화가들은 그들이 느끼는 것을 작품을 통해 표현하려고 했다. 그림을 감상하는 사람들의 감성에 호소해 그림의 존재 방식에 문제를 제기하고 표현의 새로운 가치를 창조한 것이다.

인상파는 본국인 프랑스에서는 좋은 평가를 받지 못했지만 당시 신흥국이었던 미국에서는 높은 평가를 받았다. 새로운 표현 기법이라는 가치가 새로운 국가를 만들어가는 과정에 있었던 미국인들에게 높이 평가받은 것은 절대로 우연이 아닐 것이다.

예술은 언젠가
그 힘을 발휘한다

●

표층적인 사고 vs. 심층적인 사고

인간의 사고는 크게 표층적인 사고와 심층적인 사고로 나눌 수 있다. 표층적인 사고는 단기적인 과제나 목표를 완수하는 데 필요하다. 구체적인 예로 다음과 같은 경우를 들 수 있다.

* 핵심성과지표Key Performance Indicator, KPI를 달성하기 위해 평소 업무를 수행할 때 PDCA('계획Plan – 실행Do – 확인Check – 조정Adjust'을 반복해서 목표를

- 다음 주 주말로 예정된 바비큐 파티의 식재료 리스트를 생각한다.
- 일기예보에서 내일 폭우가 내린다는 말을 듣고 현관에 우비와 장화를 준비한다.

반면에 심층적인 사고는 장기적인 목표를 달성하거나 비전을 실현하는 데 필요하다. 구체적인 예는 다음과 같다.

- 2025년 문제. 즉 일본의 베이비붐 세대인 단카이団塊 세대가 75세가 넘어 후기고령자가 되는 2025년에 의료비 등의 사회보장비가 급증하는 문제에 대해 어떤 대책을 강구해야 할까?
- 2030년에 모든 자동차가 전기자동차가 되었을 때 자동차 관련 사업은 어떻게 해야 할까?
- 100세 시대에 맞게 30년 후의 자신의 인생을 설계한다.

평소 업무나 일상생활에서는 표층적인 사고로 이런저런 일을 처리하지만, 장기적인 비전을 고민하는 심층적인 사고가 없다면 인생의 길을 잃고 인간으로서 살아가는 가치를 생각할 수 없게 된다.

기술과 디자인은 과제 해결을 위해 필요한 것이기 때문에 굳이 어느 쪽인지 고른다면 표층적인 사고에 의존한다고 할 수 있다. 하지만 과학과 예술은 이 세상에 문제를 제기하고 새로운 가치를 창조하는 것이기 때문에 심층적인 사고에 보다 많이 의존한다.

스티브 잡스와 캘리그래피

"여기서 배운 그림 그리기를 어떻게 업무에 활용할 수 있을지 구체적인 방법을 잘 모르겠어요."

내가 주관하는 강좌 아트 앤드 로직Art & Logic의 수강생들이 종종 하는 말이다. 이 강좌는 주로 사업가나 직장인을 대상으로 그림(데생) 수업을 진행한다. 그림 그리기를 통해 우뇌와 좌뇌를 고르게 활용하고 새로운 발상을 떠올리는 능력, 전체를 파악하고 조화롭게 사고하는 능력을 길러 새로운 깨우침이나 발견을 얻는 것을 목표로 한다. 따라서 그림을 그리다 보면 자연스럽게 균형 잡힌 사고 능력이 길러져 업무에 도움이 된다.

그림을 그리거나 감상하는 것 같은 예술 활동은 심층적인 사고가 필요하다. 심층적인 사고는 말하자면 지층과 같은 것이다. 다양한 경험과 학습이 쌓여 피가 되고 살이 되어 자신의 정체성이 확립되는 것처럼, 심층적인 사고가 표면 위로 드러나기까지 걸리는 시간은 사람마다 다르다. 하지만 분명 어딘가에서 다양한 형태로 심층적인 사고를 활용하고 있을 것이다.

심층적인 사고를 활용한 구체적인 사례로 스티브 잡스가 스탠퍼드대학교에서 한 졸업 연설 중 일부를 소개한다.

만약 제가 대학교에서 캘리그래피 수업을 듣지 않았다면 맥에는 다양한 글자체도, 글자 사이를 일정한 폭으로 만드는 기능도 없었을 겁니다. 그런데 10년 후 처음 매킨토시를 설계할 때 캘리그래피에 대한 것이 갑자기 머릿속에 떠올랐습니다. 그리고 대학 수업에서 배운 모든 것을 맥에 쏟아부었습니다. 이것이 바로 아름다운 폰트를 가진 컴퓨터가 탄생한 배경입니다.

잡스는 대학교를 중퇴했지만 1975년에 청강생 신분으로 캘리그래피 수업을 들었다. 캘리그래피란 만년필이나 펜으로 자신만의 서체를 만드는 예술이다. 10년 후 이 캘리그래피 수업의 경험은 그의 맥에서 구체적으로 실현되었다.

겹겹이 쌓인 지층과도 같은 심층적인 사고, 즉 잡스가 대학 시절 캘리그래피를 접하고 그려본 예술적 경험은 훗날 제품 개발로 고민하게 되었을 때 갑자기 구체적인 아이디어로 발현되었다. 예술의 역할이란 바로 이런 것이다. 신체적 감각을 통해 예술적인 활동을 한 경험은 시기가 빠르든 늦든 반드시 구체적인 결과로 나타난다.

과학부터 IT까지,
만능 문제해결사

●

오늘날 우리는 과학, 기술, 디자인, 예술, 이 네 가지를 각각 독립된 영역으로 인식하고 있다. 하지만 역사적으로 보면 각각은 항상 밀접한 관계를 맺고 있었다는 사실을 알 수 있다.

이를 단적으로 보여주는 인물이 바로 르네상스 시대의 혁신가 레오나르도 다빈치Leonardo da Vinci다. 다빈치는 〈모나리자〉, 〈최후의 만찬〉 등을 그린 르네상스 대표 화가로 유명하지만 동시에 과학자, 기술자, 건축가이기도 했다. 그림 3을 보면 다빈치가 어떻게 다양한 영역에서 천재적 능력을 고루 발휘할

그림 3 레오나르도 다빈치가 다양한 영역에서 능력을 발휘할 수 있었던 이유

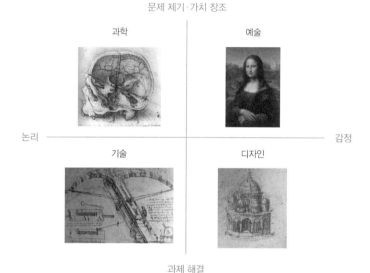

수 있었는지 알 수 있다. 각 영역은 따로 독립된 분야가 아니라 공통분모를 갖고 상호작용하는 관계에 있다.

르네상스 시대에는 과학과 예술이 서로 보완하는 관계에 있었다. 당시 인문주의자이자 건축가이자 화가였던 레온 바티스타 알베르티Leone Battista Alberti는 저서 《회화론繪畵論》에서 원근법(수학적 원근법)의 이론에 대해 자세하게 설명하고, 그림이란

원근법과 구성과 이야기라는 세 가지 요소가 잘 어우러진 것이라고 정의했다. 알베르티는 화가들에게 감성에만 의지하지 말고 수학적 원근법을 배울 것을 권했다. 원근법을 통해 대상을 더 정확하게 묘사하고 예술 작품에 질서와 조화라는 개념을 부여할 수 있다고 말이다.

르네상스 시대에는 다빈치, 알베르티뿐만 아니라 어느 한 사분면에서 벗어나 종횡무진으로 활약한 사람들이 많았다. 그리고 오늘날 이 사분면 속의 과학, 예술, 디자인, 기술은 더 깊은 관계로 발전했다. 예술을 중심으로 각각의 관계를 살펴보자.

시대를 견인하는 두 가지 힘, 예술과 과학

미술대학교의 필수과목이 된 해부학

의학과 의료의 세계는 굉장히 높은 수준의 과학을 요구한다. 의학 연구자가 새로운 발견이나 발명을 하면 그 기초연구 성과를 바탕으로 의약품 제조업체가 신약을 개발하고 의료기기 제조업체가 다양한 제품을 만든다. 그리고 이 신약과 기기를 가지고 임상의는 진료와 수술을 한다. 이 과정에서 매우 정교한 기술도 필요하지만 그 기술의 근간에는 첨단 과학이 자리한다.

그런데 이런 의학(의료)과 예술은 아주 오래전부터 밀접한 관계를 맺어왔다. 사진이 발명되기 전에는 의학서에 반드시 글의 내용을 풀이하는 그림이 실려 있었고, 임상의는 환자의 증상 등을 진료 기록지에 그림으로 기록했다. 특히 외과의나 해부학 연구자는 데생 기술이 필요했다. 환부나 인체를 시각적으로 파악하려면 대상을 묘사하는 기술이 중요했기 때문이다.

내가 주최하는 강좌를 수강하는 사람들 중에도 의사가 많다. 의사들이 그림을 그리는 프로세스는 다른 사람들과 조금 다르다. 예를 들어 손을 그리는 경우 의사들은 뼈의 구조를 알고 있기에 우리 눈에 보이지 않는 내부의 모습까지 이해하고 묘사한다.

도쿄예술대학교의 유화과(정식으로는 회화과 유화 전공 과정)에는 미술해부학이라는 필수과목이 있다. 유기물을 묘사하기 위해 인체의 형태와 구조를 연구하는 과목이다. 이 미술해부학 수업은 1889년에 일본의 유명한 소설가이자 군의관이었던 모리 오가이森鷗外의 강의에서 시작되었다.

예술을 보는 눈은 과학 발전을 가속화한다

하버드대학교, 스탠퍼드대학교, 컬럼비아대학교 등 미국의 최고 명문대학교 의학부는 예술적 요소를 가미한 독특한 수업이 있다. 수업 시간에 퍼실리테이터Facilitator의 지도하에 그림을 감상하는데, 이 강의를 수강하면 눈으로 보는 것과 관련된 진료 기술이 비약적으로 향상된다는 결과가 보고되기도 했다. 그뿐만이 아니다. 이 강의를 수강할수록 환자들과 마주하는 시간이 늘어난다는 보고도 있었다.

사실 이 강의는 곧 의사가 될 학생들이 인간다운 마음을 잃어버릴 것을 염려한 대학교 측에서 먼저 제안해 개설한 것이었다. 점점 최신 기계나 데이터에 의존하는 진료가 보급되고 있었기 때문이다.

한편 그림 작품을 감상하는 것 외에 조금 특이한 데생 강좌도 있다. 작품의 콘셉트나 예술가가 지닌 철학 등 예술의 바탕에 있는 생각에 대해 배운 다음, 실제로 데생을 해보는 수업이다. 이 수업을 듣고 난 후에는 환자의 목소리나 표정의 차이를 더욱 민감하게 알아채고 증상을 발견하는 횟수가 늘어나는 등 임상 기술에 커다란 변화가 있었다고 한다. 이는 감성으로 문제를 제기하고 가치를 창조하는 예술이 과학에 새로운 의

미를 부여한 예라고 할 수 있다.

한때 내가 주관하는 강좌를 진행했던 화가 한 사람이 DAAD Deutscher Akademischer Austausch Dienst (독일학술교류회)의 장학금을 받아 유학을 가게 되었다. 그는 그곳에서 자신과 같은 장학금으로 유학 온 수학자를 알게 되었는데, 하루는 그 수학자가 이렇게 말했다고 한다.

"가끔 연구가 잘 풀리지 않아 눈앞이 깜깜할 때면 미술관에 간다네. 거기서 그림을 보고 있노라면 문득 힌트를 얻을 때가 있어."

물론 그 수학자가 본 그림이 구상화인지, 추상화인지, 누가 그린 그림인지는 알 수 없다. 하지만 적어도 예술 작품을 감상하는 일이 그의 연구에 굉장한 도움을 주었다는 사실은 충분히 알 수 있다.

예술의 힘을 이해하고 도입하는 IT 기업들

미국의 IT 기업에는 '더 아트 오브 아트 앤드 사이언스 the art of art and science'라는 개념이 있다. 번역하면 '예술과 과학의 기술'이다. 나는 미국 캘리포니아주에 있는 IT 기업에서 일하는 지인에게 이 개념에 관해 설명을 들었다. 그 회사는 미국을 비롯한 각국의 글로벌 기업 전자상거래 사이트에 기계학습 프로그램을 제공하고 있었다.

그의 설명에 따르면 이 개념은 '데이터를 분석하고 가설을 입증하는 과학의 프로세스 그리고 사안을 신중하게 관찰해서 클라이언트의 비전을 깊게 이해하는 예술의 힘, 이 두 가지 힘의 균형이 비즈니스를 발전시킨다'는 사고방식이라고 한다. 비즈니스가 과학과 예술이라는 두 바퀴 위에 최신 기술을 싣고 앞으로 나아가는 이미지를 상상하면 될 것이다.

최첨단 기술을 다루는 IT 기업이 예술의 힘을 이해하고 도입한다는 점은 굉장히 흥미롭다. 어쩌면 기술을 다루기 때문에 인간이 해야 할 일에 대한 본질적인 이해가 깊은 것일지도 모른다.

예술과 기술은 실용적이다

해커와 화가의 공통점

폴 그레이엄^{Paul Graham}은 세계 최초의 전자상거래 애플리케이션 비아웹^{Viaweb}을 개발하고 야후에 매각해서 막대한 부를 축적한 프로그래머다. 또한 그는 현재 1,400곳이 넘는 스타트업에 투자하고 있는 엑셀러레이터 기업 와이콤비네이터^{Y Combinator}의 투자자이기도 하다. 와이콤비네이터는 드롭박스^{Dropbox}와 에어비앤비를 키운 것으로도 유명해서 그 이름을 알고 있는 사람도 많을 것이다.

그레이엄의 이력은 르네상스 시대 '지식의 거인'들처럼 굉장히 독특하다. 그는 철학 박사 학위를 받은 후 컴퓨터과학 분야에서 석사와 박사 학위를 받았다. 또한 로드아일랜드 디자인스쿨에서 공부했고 피렌체 미술 아카데미에서 회화를 공부했다.

한편 그레이엄은 에세이스트이기도 하다. 그의 저서《해커와 화가^{Hackers & Painters}》에는 굉장히 흥미로운 내용이 많이 나온다. 특히 기술을 다루는 엔지니어가 애플리케이션이나 시스템을 구축할 때 하는 행동이 화가가 그림을 그릴 때 사용하는 사고법이나 프로세스와 비슷하다고 한다. 개인적으로 이런 부분은 정말 뛰어난 통찰이라고 생각한다. 그는 엔지니어링(소프트웨어 개발)과 드로잉(그림 그리기)을 거의 같은 행위로 본 것이다.

예술의 요소가 기술 구현의 어떤 부분과 비슷한지, 예술적 시점이나 사고가 기술 개발에 얼마나 도움이 되는지에 대한 문제는 다음과 같이 정리해볼 수 있다.

엔지니어와 화가: 엔지니어와 화가는 둘 다 무에서 유를 만들어낸다는 공통점이 있다. 이들은 뭔가를 만드는 과정에서 새로운 기술을 발견하고 배운다. 다시 말해 창조하는 행위를 통해 새로운 발견을 한다는 뜻이다.

데생과 프로그램 개발: 그림의 기초라고 할 수 있는 데생을 할 때는 전체를 조망하고 세부를 관찰하는 과정을 계속해서 반복한다. 이를 반복하는 과정에서 처음의 계획이 잘못되었다는 사실을 발견하면 수정해야 한다. 그림의 엑스레이를 찍어보면 손과 발의 위치가 처음과 달라진 그림을 셀 수 없을 만큼 많이 볼 수 있다.

이런 작업 방식은 프로그램을 개발할 때도 굉장히 도움이 된다. 프로그램의 사양이 처음부터 완벽하다고 기대하는 것은 비현실적이기 때문이다. 이 점을 먼저 인정하고 프로그램을 만드는 과정에서 사양이 변한다고 해도 받아들이고 수정하는 태도가 필요하다.

관찰의 중요성: 화가들은 항상 이 세상에 없는 새로운 가치를 만들려고 한다. 이들은 과거와 현재를 망라해 위대한 화가들의 작품을 보고 분석하는 일을 절대 게을리하지 않는다. 많이 보고 분석할수록 다양한 표현 기법을 배울 수 있다. 이런 관찰의 중요성은 프로그래머에게도 마찬가지로 해당된다. 많이 보고 많이 관찰할수록 많이 배운다는 점이 두 분야의 공통점이다.

열정적인 몰두: 위대한 소프트웨어를 완성하기 위해서는 미에 대해 열정적으로 몰두할 수 있어야 한다. 훌륭한 소프트웨어는 안을 들여다보면 아무도 보지 않을 것 같은 부분까지 아주 정교하게 만들어져 있다. 거장의 그림 역시 마찬가지다. 이들은 다른 사람들은 그 작품에 있는지조차 모르는 잎 하나하나까지 주의를 기울여서 그린다.

레오나르도 다빈치가 그린 지네브라 데 벤치Ginevra de' Benci의 초상화를 예로 들어보자. 다빈치는 다른 평범한 화가라면 단순히 인물의 배경을 메우기 위해 그렸을지 모르는 나무까지도, 그러니까 그림을 감상하는 그 누구도 주의 깊게 보지 않을 것 같은 부분까지 정성을 들여 그렸다.

협조와 조화: 그림 작업은 화가가 혼자 계획을 세우고 그려 나가는 경우도 있지만 다른 사람들과 함께 계획하고 협업하며 완성해가는 경우도 있다.

르네상스 시대의 위대한 예술 작품은 미술관에 전시될 때는 한 사람의 이름으로 걸릴지 몰라도 실제로는 여러 사람의 협업으로 이뤄진 경우가 많다. 예를 들면 지금의 프로젝트 리더 역할을 하는 감독이 중심부를 그리고 나머지는 보조 화가들이 그리는 식이다. 당시에는 같은 부분을 두 사람이 같이 그리는 일도 없었고 다른 화가가 나중에 다시 고쳐서 그리는 일도 없었다. 이런 협업 방식은 소프트웨어 개발 프로젝트를 진행할 때도 활용된다.

그림이든 소프트웨어 개발이든 결국 두 분야 모두 사람들에게 도움이 되는 뭔가를 만들어내는 일을 하는 것이다. 이렇게 대단한 일을 하기 위해서는 함께 일하는 사람들이 서로를 이해하고 공감하는 힘이 필요하다.

사실 내가 주관하는 아트 앤드 로직 강좌의 수강생 중 가장 많은 사람이 바로 엔지니어다. 그다음이 연구개발직에 있는 사람들이다. 수강 후 감상을 들어보면 폴 그레이엄이 말했던 것처럼 프로그램 개발과 그림을 그리는 기술 사이에 공통된 부분이 있다는 이야기가 상당히 많이 나온다.

인공지능으로 대체 불가한 예술

2장의 마지막에서는 과학과 기술의 최신 성과라고 할 수 있는 인공지능과 예술의 관계에 대해 살펴보려고 한다.

제3차 인공지능 열풍이 불고 있는 가운데 앞으로 20년 안에 현존하는 일의 절반 정도가 인공지능으로 대체된다고 한다. 예를 들면 콜센터 업무, 회계사 업무, 비서 사무, 소매점 판매 업무, 계산대 업무, 인재 매칭과 같이 데이터를 통해 패턴화할 수 있는 업무는 인공지능이 대체할 가능성이 크다는 것이다.

아마도 위의 업무에 종사하는 사람들은 벌써 두려움에 떨고 있을지도 모른다. 하지만 아무리 기술이 발달해도 인공지능으로 대체할 수 없는 분야는 분명히 존재한다. 예를 들면 기획 같은 창조적 문제 해결 능력이 필요한 분야가 그렇다. 1장에서 설명한 것처럼 IBM, 액센츄어 등 유명 컨설팅 기업이나 IT 기업이 산하에 광고회사나 디자인팀을 두어 기획을 직접 하기 시작한 것은 굉장히 상징적인 일이라고 할 수 있다.

또한 앞서 소개한 캘리포니아주의 IT 기업들이 예술과 과학을 통해 비즈니스를 발전시키고 있는 것처럼 앞으로는 인간이 해야 할 일이 점점 더 명확해질 것이다. 그러면 인간이 정말 해야 할 일은 무엇일까? 인공지능을 예술에 접목해 그런 문제를 제기하고 있는 사례들을 살펴보자.

렘브란트의 명작을 복원한 인공지능

2016년 인공지능을 활용해서 17세기 바로크 시대를 대표하는 화가 렘브란트 반 레인Rembrandt van Rijn의 신작을 완성했다는 뉴스가 화제가 된 적이 있었다. 딥러닝으로 렘브란트의 기존 작품이 지닌 세세한 특징을 분석해 3D프린터로 작품을 재현한 것이다.

이는 인공지능이 과거 위대한 예술가들의 재능을 그대로 모방해 완전히 똑같이 만들어낸 대표적인 사례라고 말할 수 있다. 이 렘브란트의 신작을 만든 팀은 이를 발표하며 '기술과 예술의 결혼'이라고 했다.

그러나 당연한 이야기지만 애초에 렘브란트의 원작이 존재하지 않았다면 인공지능은 그런 신작을 발표할 수 없었을 것이다. 결국 생각해보면 인공지능은 신작이 아니라 위작을 만든 것뿐이다. 예술이 지닌 본래의 사명, 즉 인상파 화가들이 이뤄낸 표현의 혁명이나 피카소 또는 달리가 그전까지의 가치관을 뒤흔들고 새로운 가치를 창조해낸 일은 아무리 기술이 발달한다고 해도 절대 이뤄질 수 없는 일이다.

그렇지만 과거의 표현을 새롭게 바꾸거나 조합하는 영역이라면 인공지능의 활약을 기대할 수 있다. 또한 인공지능을 통해 신작과 위작을 가려낼 수 있다는 측면에서도 인공지능은 예술계에 크게 기여할 수 있다. 1984년부터 2005년까지, 즉 프랑스 경찰에 체포되기 전까지 20년 동안 피카소, 샤갈, 달리, 마티스 같은 거장들의 위작을 제작해 돈을 번 가이 리브Guy Ribes라는 세계에서 제일 유명한 위작 작가가 있다. 인공지능이 미술품을 감정한다면 이 위작 작가의 정교한 위작을 알아볼지도 모른다.

데생 로봇의 탄생
프랑스의 패트릭 트레셋Patrick Tresset이라는 예술가는 인공지능을 작품 제작의 수단, 즉 화가가 그림을 그리기 위해 사용하는 붓이나 물감과 같은 재료처럼 이용해 작품을 만들었다. 그는 데생 로봇을 개발해 로봇이 그린 그림뿐만 아니라 로봇에게 그림을 그리게 하는 행위까지 퍼포먼스로 표현해서 작품으로 만들었다.

데생 로봇이 데생하는 장면은 굉장히 비현실적이다. 의자에 앉아 있는 모델을 카메라가 탑재된 복수의 로봇암이 둘러싸고 인공지능 로봇이 기계적인 소리를 내면서 연필로 데생한다. 그리고 수십 분이 지나면 작품이 완성된다. 완성된 작품은 로봇이 그렸기 때문에 전부 획일적이며 개성의 흔적은 전혀 찾아볼 수 없다. 또한 그 데생은 아무리 장점만 보려고 해도 잘 그렸다고 말하기 힘들다.

트레셋은 아마도 이 작품을 통해 인간의 뛰어난 창의성과 개성의 위대함을 전하고 싶었던 게 아닐까? 인간이 아니면 할 수 없는 일, 그것이 바로 예술이라고 말이다. 그는 데생 로봇을 만들어 그림을 그리게 함으로써 기술의 한계를 세상에 보여준 것이다.

이처럼 언뜻 보기에는 아무런 관련도 없을 것 같은 과학과 예술, 기술과 예술이라는 영역은 각각 깊은 곳 어디선가 서로 연결되어 밀접한 관계를 맺고 있다. 그렇다면 예술과 디자인은 어떤 관계를 맺고 있을까? 다음 장에서 구체적으로 살펴보도록 하자.

• 3장 •

창의성,

0에서 1을 만드는 생각들

예술이 감성을 통해 문제를 제기하고 가치를 창조한
다면 디자인은 감성으로 과제를 해결한다. 과학과 기
술이 그랬던 것처럼 디자인 역시 예술과 밀접한 관계
를 맺고 있다. 3장에서는 예술과 디자인의 차이와 역
할에 대해 살펴보자.

예술과 디자인,
같은 크리에이터라도 다른 이유

예술과 디자인은 어떻게 다른가

"예술과 디자인의 차이는 무엇일까요?"

나는 전문가든 아니든 처음 만난 사람들에게 꼭 이 질문을 하곤 한다. 그러면 다양한 대답이 돌아오는데, 간단히 정리하면 다음과 같다.

- 예술은 이해하기 어렵고 디자인은 이해하기 쉽다.
- 예술은 돈이 되지 않고 디자인은 돈이 된다. 가끔은 예술로 굉장히

큰돈을 벌 수 있다.

- 예술은 세상과 동떨어져 있고 디자인은 현실적이다.

- 디자인은 마케팅을 하고 예술은 마케팅을 하지 않는다.

- 디자인은 생활에서 나오고 예술은 인생에서 나온다.

전부 맞는 말이라고 생각한다. 사실 수학 문제처럼 애초에 정답이 있는 것도 아니다. 그런데 예술과 디자인은 확실하게 다른 점이 있다. 예술은 만드는 사람인 예술가(작가)가 자기 안에 있는 생각을 표현하는 것 또는 그 표현 행위creation이고, 디자인은 클라이언트(의뢰인)의 과제 해결solution이라는 점이다. 즉 예술은 자신의 예술적 욕구에서 시작되며 디자인은 외부의 요구에서 시작된다는 점이 다르다. 그리고 디자인은 반드시 보수를 받고 예술은 반드시 보수가 지급되지는 않는다는 점도 차이라고 할 수 있다.

디자인은 과제에서 출발한다

디자인에 대해 좀 더 구체적으로 살펴보자.

먼저 디자인은 주어진 과제가 있다. 즉 디자인을 의뢰하는 클라이언트가 존재하며 클라이언트의 수주 또는 발주에 따라 디자인이 시작된다.

예를 들어 야마모토도山本堂라는 식품 제조업체가 있다고 해보자. 이 회사는 현재 한자로 만든 로고만 있는데 앞으로 글로벌 비즈니스를 펼치기 위해 영어 로고도 만들기로 했다. 이때 영어 로고가 필요하다는 과제가 디자인의 출발점이 된다.

이 과제를 해결하기 위해 회사는 'YAMAMOTO DO'라는 영어 로고를 디자이너에게 발주한다. 디자이너는 야마모토도에서 제작을 위한 오리엔테이션을 받은 다음 취재와 인터뷰 등을 통해 클라이언트인 야마모토도의 의도를 이해하고 로고를 제작할 준비를 한다.

이때 디자이너는 전 세계 어느 나라에서도 잘 알아볼 수 있도록 영어 로고를 제작해야 한다는 제약을 받는다. '山本堂'의 한자 나열 방식이 마음에 든다는 이유로 한자 로고를 제작한다면 과제를 해결할 수 없다. 어찌 보면 당연한 이야기다. 전세계에 널리 알린다는 목적이 있기에 영어로 로고를 제작해야 한다는 제한을 받는 것이다.

이처럼 디자인은 과제에서 시작되며 그 과제를 시각적인

표현을 통해 해결한다.

예술은 자기표현에서 시작한다

과제에서 시작하는 디자인과 달리 예술은 자기표현에서 시작한다. 예술가는 누군가에게 지시를 받아 작품을 만드는 것이 아니라 자발적으로 만든다. 그래서 예술에는 외부에서 주어지는 과제가 없다. 예술가는 꾸준히 자신이 표현하고 싶은 것을 형태로 만들어나간다. 물론 마케팅이나 사전 설문 조사 같은 것도 없다.

1장에서 소개한 그래픽 디자이너 가메쿠라 유사쿠는 생전에 디자인과 예술의 차이에 대해 다음과 같이 말했다.

"예술가는 자신의 몸 안에 있는 모든 생각과 감정을 토해내서 표현하는 것이 일이다. 고로 작가다. 반면에 디자이너는 클라이언트의 과제를 해결하는 것이 일이다. 그렇기 때문에 제작물에 작가의 개인적 표현이 1퍼센트라도 들어간다면 디자이너로서 실격이다."

즉 예술가는 철저하게 자신을 표현하는 반면 디자이너는

클라이언트의 과제 해결이 목적이기 때문에 중심축이 항상 클라이언트 쪽에 있다. 프로그래머가 클라이언트의 시스템을 구축하기 위해 프로그래밍 언어를 사용해 프로그램을 만드는 것처럼 말이다. 이처럼 예술가나 디자이너 모두 시각적으로 표현한다고 해도 목적은 크게 다름을 알 수 있다.

누구나 크리에이터가 될 수 있다

이제 예술과 디자인의 차이점에 대해서는 충분히 이해했으리라 생각한다. 이번에는 예술과 디자인에 존재하는 중요한 요소인 창의성에 대해 생각해보자.

요즘은 '크리에이티브creative'나 '크리에이티비티creativity'라는 말을 전보다 훨씬 많이 쓰는 것을 볼 수 있다. 예술과 디자인 모두 크게는 창작creation이라는 틀 안에서 이뤄지는 활동이다. 앞서 소개한 것처럼 그 활동을 통해 디자인은 과제 해결이라는 결과가, 예술은 자기표현이라는 결과가 나온다. 결과적인 차이는 있으나 창작을 한다는 점에서는 큰 차이가 없다. 또한 이 창작 행위는 시각 표현에 한정된 것이 아니며 음악이나 글

쓰기 등 다른 감각적 표현도 창작에 속한다.

그런데 이 '크리에이티브'라는 말을 듣는 직종에 종사하는 사람들, 즉 예술가나 디자이너를 비롯해 카피라이터, 아트 디렉터, 크리에이티브 디렉터 등 '크리에이터'라고 불리는 이들이 아니라면 창의성이 없는 걸까? 다시 말해 비非 크리에이터들은 창의적이지 않은 걸까?

"저는 진짜 센스가 없어요."

"로지컬 씽킹은 잘하지만 창의적인 사고가 전혀 안 돼요."

주변에서 이렇게 말하는 사람들을 자주 볼 수 있다. 그런데 정말 그럴까? 사실은 이렇게 말하는 사람들도 알고 보면 일상생활 속에서 충분히 창의성을 발휘하고 있을 수 있다.

예를 들어 카레 만드는 과정을 생각해보자. 처음 카레를 만들 때는 아마도 인터넷에서 찾은 레시피나 시판되는 카레 포장지에 적힌 레시피를 그대로 따라서 만들 것이다. 먼저 양파를 잘게 썰어 갈색이 돌 때까지 기름에 볶고 고기를 가볍게 기름에 익힌 다음, 양파와 고기를 같이 냄비에 넣는다. 그리고 당근을 가볍게 볶아서 역시 냄비에 넣고 물을 레시피대로 부은 다음 푹 끓인다. 마지막으로 카레 루(밀가루를 버터와 같이 볶은 다음 카레 가루를 섞은 것)를 넣고 조금 더 끓이면 카레가 완성된다. 이것이 가장 기본적인 조리 방법이다.

그런데 몇 번 카레를 만들다 보면 어느새 자신만의 방법으로 조금씩 바꿔서 만들고 있는 자신을 발견한다. 예를 들면 돼지고기를 닭고기로 바꾸거나 시판되는 다른 향신료를 더 넣어보거나 요구르트를 추가하는 식이다. 이런 식으로 시행착오를 거치다 보면 자신만의 독창적인 카레를 만들 수도 있다.

이는 카레에 한정된 이야기가 아니다. 모든 일이 이런 과정을 거친다. 처음에는 매뉴얼대로 작업하다가 경험이 쌓이면서 다양한 정보가 모이면 이를 상황에 맞게 수정해가는 과정을 누구나 한두 번은 경험해봤을 것이다.

이것이야말로 창의적인 행위라고 할 수 있다. 즉 창의적인 행위란 기존의 것을 자신이 가진 정보를 사용해 수정하거나 다른 것과 조합하면서 새로운 것을 만들어내는 일이다. 창의성을 이와 같은 개념으로 생각한다면 사실은 누구나 크리에이터라고 할 수 있다.

디자인은 주어진 과제에 '답'한다

●

기존의 것을 재구축하는
디자인 사고 프로세스

앞서 예술은 자기표현에서 시작하며 디자인은 과제에서 시작한다는 차이점에 대해 살펴봤다. 그렇다면 각각의 사고 프로세스는 어떻게 진행될까? 예술가와 디자이너의 사고 프로세스를 따라가면서 자세히 살펴보도록 하자.

우선 디자이너는 머릿속 서랍 안에 넣어두었던 기존의 디자인이나 선배들의 지혜를 꺼낸 다음, 여기에 자신의 새로운 지식과 정보를 더해 디자인을 만들어낸다. 루이비통의 모노그램은 일본 가문의 문장紋章을 모티브로 제작되었다. 당시 루이비통은 유사품이 대량으로 시중에 유통되는 것을 보고 위조 방지 대책으로 문장이라는 아이디어를 생각해냈다. 그리고 1896년, 쉽게 흉내 낼 수 없고 대량으로 제조하기 힘든 문장을 모티브로 한 루이비통만의 모노그램이 탄생했다.

우리는 수많은 디자인에 둘러싸여 살고 있다

우리는 일상생활 속에서 다양한 디자인을 마주한다. 교통표지판, 전철, 버스, 스마트폰 등 평소에는 크게 신경 쓰지 않지만 사실 우리는 수많은 디자인에 둘러싸여 생활하고 있다. 다음은 이런 디자인 중 일부만 소개한 것이다. 살펴보면 모두가 과제 해결을 위한 디자인이라는 사실을 알 수 있다.

• **그래픽 디자인**: 주로 포스터 등의 평면 디자인을 말한다.

- **프로덕트 디자인**: 자동차나 가전제품 등의 공업제품 디자인을 가리킨다.
- **인터랙티브 디자인**: 웹디자인을 가리킨다.
- **패션 디자인**: 가장 일반적인 디자인으로 패션과 관련된 디자인을 말한다.
- **스페이스 디자인**: '공간 디자인'이라고도 한다. 내장이나 인테리어 디자인을 가리킨다.

여기까지는 흔히 들어서 어느 정도 머릿속에 쉽게 이미지가 떠오른다. 그런데 최근에는 커뮤니케이션 디자인이나 지역 디자인 같은 새로운 디자인 영역도 눈에 띈다. 이런 디자인들은 구체적인 제품을 디자인하는 게 아니라 사람과 사람의 연결 고리나 구조를 디자인한다. 예를 들면 '지역 살리기' 프로젝트 같은 것이 해당된다고 할 수 있다.

사실 '디자인design'이라는 말은 '계획하다, 설계하다'라는 뜻을 지닌 라틴어 'designare'에서 유래되었다. 그런 의미에서 커뮤니케이션 디자인은 그 어원에 아주 가깝다고 볼 수 있다.

예술은 새로운 장르를
만든다

●

인상파에서 시작된 '표현'의 예술

        예술과 디자인의 차이를 다시 한번 떠올려보자. 디자인에는 반드시 해결해야 할 과제가 존재한다. 반면 예술은 외부에서 과제가 주어지지 않는다. 예술가가 표현하고 싶은 것을 자유롭게 만들어간다. 즉 예술은 예술가가 평소 생각하거나 말하고 싶은 것, 세상에 제기하고 싶은 문제 등을 다양한 미디어(미술의 세계에서는 지지체라고도 한다)를 이용해서 표현하는 것이다.

그렇다면 예술의 사고 프로세스는 어떻게 될까? 여기서는 인상파의 사례를 통해 살펴보도록 하자. 봉건주의 시대가 막을 내린 19세기 초부터 대부분 화가는 왕족이나 귀족에게 고용되었다. 즉 예술가가 아니라 화가였다. 그런데 프랑스혁명이 일어나 귀족사회가 붕괴하면서 이들은 고용주를 잃고 직업을 잃게 되었다.

직업을 잃은 화가들은 더는 누군가의 요구에 맞춰 그려내는 것이 아니라 자신이 생각하는 대로, 느끼는 대로 표현하게 되었다. 이것이 인상파의 시작이다. 이렇게 현대예술로 이어지는 길이 마련되었다. 다시 말해 작품을 통해 자기 자신을 표현하는 활동이 시작되었다.

사실 인상파 화가들의 그림은 당대보다 오늘날 더 많은 사람에게 사랑받고 있다. 그런데 '인상파'의 어원을 살펴보면 당시 주류 화가들과 평론가들이 인상파 화가들을 가리켜 "그저 인상을 그리는 일당"이라고 야유한 데서 인상파라는 말이 생겨났다고 한다.

인상파가 등장하기 전까지 그림은 현실을 있는 그대로, 사실적으로 그리는 것이 중요했다. 당시의 그림은 사진의 역할을 했기 때문이다. 그래서 본 것을 사실적으로 묘사하는 것이 그림의 임무이자 역할이었다. 그러나 인상파 화가들은 그들이 느낀 것을 자유롭게 표현하고자 했고, 어떻게 보면 이것이 바로 추상화의 시작이었다. 당시 대부분 사람은 대상을 사실적으로 그리지 않은 이들의 작품을 이해하지 못했고 어설프다고 평가했다.

인상파 화가들은 처음에는 이렇게 처참한 평가를 받았을 뿐만 아니라 예술계에서 비주류에 속했다. 그런데 수년이 지나 새롭게 떠오른 부르주아 계층에게선 좋은 평가를 받기 시작했다. 특히 이제 막 신흥국으로 부상한 미국에서 이들의 그림을 원하는 사람들이 나타났다. 오늘날 벤처기업의 젊은 경영자들이 현대예술 작품을 구매하는 것 같은 현상이 당시에도 있었던 것이다.

한편 인상파 화가들은 기술 혁신의 혜택을 받기도 했다. 오귀스트 르누아르Auguste Renoir, 알프레드 시슬레Alfred Sisley, 클로드 모네Claude Monet 등 인상파 화가들의 그림을 보면 풍경화가 많은데, 이는 산업혁명과 기술 혁신으로 물감이 튜브 형태로 나오면서 야외에서도 휴대할 수 있게 되었기 때문이다.

20세기가 되어 예술가들은 캔버스뿐만 아니라 다양한 미디어를 이용해 표현 활동을 하게 되었다. 인상파 화가들이 기술 혁신의 혜택을 누렸던 것처럼 20세기 이후의 기술 혁신 역시 예술가들의 표현 폭을 넓혀주었다.

예술가들은 매일 장르를 만들어낸다

디자인과 마찬가지로 예술에도 다양한 장르가 있다. 하지만 디자인처럼 해결해야 할 과제가 존재하는 것은 아니다. 예술가들은 매일 새로운 표현 기법을 모색하고 개발하기 때문에 디자인처럼 명확하게 카테고리별로 분류하기는 어렵다.

- **파인 아트**: 예술적인 가치에 주안점을 두는 순수예술로 주로 타블로^{tableau}(회화)를 가리킨다. 오락적인 요소가 있는 만화나 일러스트 등은 파인 아트에 포함되지 않는다.
- **인스톨레이션^{installation} 아트**: 실내 또는 야외 공간을 표현의 장으로 사용하는 예술 표현이다.
- **프로젝트 아트**: 다수의 예술가가 연계해서 하나의 창작 표현을 하는 예술이다.

- **스트리트 아트**: 거리의 외벽에 주로 페인트 붓이나 스프레이를 사용해서 제작 및 표현하는 예술이다.
- **미디어 아트**: 빠르게 진화하는 미디어 기술을 표현의 수단으로 사용하는 예술이다.

　최근 화제가 된, 건물이나 공간에 영상을 투사하는 프로젝션 매핑은 미디어 아트의 한 종류다. 오늘날 예술의 가능성을 크게 넓히고 있는 미디어 아트에 대해 잠깐 설명하고 넘어가자면, 미디어 아트는 전통적인 회화 도구 대신 IT 기술을 사용해 작품을 표현한다.

　지금은 많은 미술작품이 캔버스 위에 그려지고 있지만 예전에는 돌, 벽면, 지면이 캔버스 대신 사용되었다. 이후 오랜 시간이 흘러 지금처럼 캔버스에 그림을 그리게 되었다. 그리고 이제 미디어 아트는 IT 기기를 캔버스나 붓처럼 사용한다. 화가가 붓이라는 도구를 사용해 작품을 완성하는 것처럼 미디어 아티스트는 컴퓨터 화면이라는 캔버스에 키보드와 붓의 역할을 하는 컴퓨터 언어를 사용해 작품을 완성한다. 이처럼 기술이 발달하면서 다양한 표현 기법이 등장하고 그에 맞는 새로운 장르가 계속해서 탄생하고 있다.

디자인과 마찬가지로 예술에도 다양한 장르와 형태(스타일)가 있다. 가장 큰 차이점은 예술은 항상 예술가 자신의 의지로 표현한다는 점이다. 그리고 디자인처럼 목표나 과제를 설정하고 해결해가는 프로세스가 없기에 예술가들의 혁신적인 표현이 시간이 흘러 장르가 되는 경우도 간혹 존재한다.

비즈니스 혁신에 필요한
사고법

디자인 씽킹은 과연 마법 지팡이일까?

요즘은 제품의 품질이나 기술 수준보다 디자인과 브랜드가 더 중요한 시대다. 그래서인지 '디자인 씽킹Design Thinking'이라는 말도 여기저기서 자주 쓰는 것을 볼 수 있다. 디자인 씽킹이란 디자이너가 하는 사고를 디자이너가 아닌 사람들과 공유해서 새로운 창작 활동에 활용하는 것을 말한다. 즉 디자이너의 발상이나 사고법을 비즈니스 혁신에도 활용하려는 '발상법'인 것이다.

여기서는 디자인 씽킹의 프로세스를 가상의 사례를 통해 살펴보고자 한다. 어떤 팀에서 '일본에 여행 온 해외 관광객(인바운드)의 만족도를 높이기 위해서는 어떻게 해야 할까?'를 주제로 디자인 씽킹을 진행한다고 하자. 그랬을 때 프로세스는 다음과 같이 진행된다.

공감하기Empathize: 타인의 기분을 느낀다

먼저 팀원들끼리 여행에 대한 서로의 기분을 말로 표현해 서로를 이해한다. 다시 말해 팀원들이 자신은 여행에 대해 어떻게 느끼는지 이야기하고 서로 알아가는 것이다. 여행을 굉장히 좋아하는 팀원도 있겠지만 여행에 전혀 관심이 없는 팀원도 있을 것이다. 여기서는 여행에 관한 생각을 팀원 한 명한 명이 언어로 표현해서 다른 팀원들과 공유하는 것이 중요하다.

정의하기Define: 서비스의 기회를 발견한다

팀원들의 생각을 공유한 다음에는 현장을 방문해서 이용자의 행동을 천천히 관찰하고 인터뷰로 샘플을 수집한다. 예를들면 두 명이 한 조가 되어 여행객이 많이 모이는 도쿄역 출구

부근에서 일본을 방문한 관광객들을 인터뷰할 수 있다. "무엇이 있으면 더 편리할까요?" "무엇이 불만인가요?" 이런 질문들을 통해 그들의 수요나 요구를 파악한다. 그리고 인터뷰하면서 관광객들의 옷차림이나 공통으로 소지하고 있는 물건도 신중하게 관찰한다.

생각 도출하기Ideate: 아이디어를 내고 통합한다

현장에서 수집한 샘플을 바탕으로 팀원끼리 브레인스토밍(의견 교환)을 통해 하나의 계획을 완성한다. 이 단계에서는 각 팀의 인터뷰 결과를 바탕으로 브레인스토밍을 한다. 인터뷰 결과 거의 모든 사람이 스마트폰을 가지고 있다는 사실을 알았다고 해보자. 또한 철도가 굉장히 복잡해서 길을 찾기가 어렵다는 사실도 공통적인 대답으로 나왔다. 이를 바탕으로 브레인스토밍을 한 결과 외국인 관광객을 위한 철도 지도를 스마트폰용 한정 사이트로 만들자는 결론이 도출된다. 사이트의 이름은 '도쿄 스마트 스테이션'이다.

시제품 만들기Prototype: 계획에 따라 프로토타입을 만든다

완성된 계획을 바탕으로 프로토타입을 만든다(상황에 따라

웹사이트일 수도 있고, 목업일 수도 있다). 예를 들어 '도쿄 스마트 스테이션'의 간단한 테스트 사이트를 웹엔지니어와 디자이너의 협력을 얻어 만든다고 해보자. 언어는 영어로 만들기로 한다. 테스트 사이트이므로 많은 사람이 볼 수는 없지만 도쿄역 안에 '도쿄 스마트 스테이션'의 광고 전단지를 두는 등의 방법으로 이용자의 피드백을 얻을 수 있도록 한다.

평가하기Test: 테스트 결과를 검증한다

이용자에게 프로토타입을 사용하게 하고 검증한다. 앞 사례에서 광고 전단지를 배부한 지 한 달 정도의 시간이 흘렀다고 하자. 테스트이기는 하지만 예상보다 1.5배 더 많은 사이트 접속이 있었다. 테스트로는 어느 정도 괜찮은 성과다. 테스트 사이트의 설문 조사에 따르면 오사카 등의 철도 정보도 있었으면 좋겠다는 요청이 많았다. 앞으로 본격적으로 서비스를 검토하는 과정에서는 지방의 철도 정보도 추가하는 것이 과제가 될 것이다.

이렇게 생각을 공유하고 구체적으로 설계하고 표현하는 과정이 디자인 씽킹이다. 이 과정을 보고 어떤 생각이 들었는가? 내가 실제로 이 디자인 씽킹을 해보고 난 뒤 깨달은 점은 다음과 같았다.

1. 언어화할 수 없다면 시작되는 것도 없다

디자인 씽킹의 가장 큰 특징은 타인의 기분에 공감하고 언어화하는 과정을 통해 서로를 이해하는 것에서 시작된다는 점이다. 왜 그렇게 하는 것일까? 나는 디자인 씽킹이 시작된 미국이 다민족국가이기 때문이라고 생각한다. 다양한 인종과 배경을 가진 사람들이 모여 사는 미국에서는 영어가 유일한 공통 커뮤니케이션 수단이다. 그렇기에 개개인이 느낀 것을 말로 표현함으로써 공통된 인식을 형성하고 서로를 이해하는 것이다.

그렇다면 동양권은 어떨까? '공기를 읽는다', '살핀다', '행간의 의미를 파악한다', '호흡이 맞는다' 같은 말로 대표되듯이 비언어 커뮤니케이션에 중점을 두는 경향이 있다. 예로, 일본의 국립대학교 대학원에서 공부한 대만 여성에게서 들은 굉장히 인상적인 에피소드가 있다. 그녀는 일본의 한 제조업체에서 광고회사로 이직했을 때 상사에게 계속해서 들은 말이 "공기를 읽어라"였다고 한다.

하지만 그녀는 공기 같은 건 읽을 수 없다고, 공기와 같이 보이지도 않는 불확실한 것을 읽으면서 비즈니스를 한다는 건 너무 어려운 일이라고 불만을 털어놓았다. 나는 깜짝 놀랐다. 아시아 국가 중에서도 일본과 가까운 대만이라면 당연히 '공기를 읽는다'는 말을 알 것이라고 믿고 있었기 때문이다. 하지만 그 말은 일본 사람만이 이해할 수 있는, 일본만의 독특한 표현이었다.

미국에서 오랫동안 활발하게 활동한 그래픽 디자이너에게서 '디자인의 본고장인 미국에서는 언어화할 수 없는 것은 형태로 만들 수 없다'라는 대원칙이 있다는 말을 들었을 때도 역시 놀랐다. 그전까지만 해도 디자인이라는 건 분위기나 공기를 형태로 만드는 일이라고 생각했기 때문이다.

사실 지금까지 수십 명의 디자이너와 함께 일하면서 가장 힘들었던 점이 바로 이 부분이었다. 감각과 감성의 세계에서 살아가는 디자인업계 사람들에게 어떻게 생각을 언어화해서 설명하고 이해시킬 것인가?

일상에서 비언어적 커뮤니케이션을 중요하게 생각하는 동양권 나라에서 언어를 통해 공감하기부터 시작하는 디자인 씽킹은 이해하기 쉬운 개념은 아니다. 그렇지만 애매한 공기를 읽으려고 노력하기를 그만두고 명확한 사실을 말하고 공유하며 일을 진전시키는 것이 과제 해결에 훨씬 도움이 될 것이다.

2. 시간을 두고 관찰하라

디자인 씽킹의 두 번째 단계인 '정의하기', 즉 서비스의 기회를 발견하는 단계에서는 천천히 관찰하는 것이 굉장히 중요하다. 시간을 들여 천천히 관찰함으로써 문제의 본질을 파악하고 해결에 이른 사례를 살펴보자.

미국의 한 공항에서 새롭게 티켓을 인식하는 기기를 도입했다. 그런데 이전보다 승객이 탑승하기까지 시간이 더 길어지면서 이전보다 오히려 대기 시간이 더 늘어나는 문제가 발생했다. 효율화를 위해 도입한 기기가 오히려 비효율적인 상황을 초래한 것이다.

처음에는 기기 제조에 문제가 있다고 생각했지만 상세한 조사와 분석을 실시해도 전혀 문제점이 발견되지 않았다. 그래서 한 회사에 컨설팅을 의뢰했다. 그 회사가 가장 먼저 한 일은 현장인 공항에 가서 며칠이고 계속 관찰하는 것이었다. 그 결과 두 가지 큰 원인을 발견했다.

첫 번째 원인은 공항 직원의 유니폼이었다. 티켓 인식 기기의 리뉴얼과 거의 비슷한 시기에 공항 직원의 유니폼 리뉴얼이 있었다. 그런데 그 유니폼이 움직이기 불편한 디자인이었다. 바로 그 때문에 승객의 티켓을 체크하는 데 이전보다 시간이 더 걸렸던 것이다.

두 번째 원인은 티켓 인식 기기가 설치된 장소였다. 결국 움직이기 불편한 유니폼과 사용하기 불편한 위치에 놓인 기기 때문에 직원이 겪은 이중고가 시간을 훔친 범인이었던 것이다. 유니폼을 바꾸고 기기를 사용하기 편리한 위치에 설치하자 문제가 해결되었고, 새로운 기기의 효과가 나타나 탑승까지 걸리는 시간도 큰 폭으로 단축되었다.

이 사례는 천천히 관찰하는 것이 얼마나 중요한 일인지를 보여주는 대표적인 예라고 할 수 있다. 참고로 의뢰를 받아 문제를 발견하고 해결로 이끈 것은 디자인회사였다.

디자인 씽킹을 실천하고 있는 사람으로부터 일본인은 이 천천히 관찰하는 단계가 굉장히 서툴다는 이야기를 들은 적이 있다. 평소 '공기를 읽는다', '살핀다', '행간의 의미를 파악한다', '호흡이 맞는다' 같은 부분을 중요시하는 일본인은 사안을 있는 그대로 냉정하고 침착하게 사실로 받아들이는 걸 잘하지 못한다는 것이다.

뒤에서 자세하게 설명하겠지만 그림을 잘 그리기 위해서는, 즉 사실을 있는 그대로 묘사하기 위해서는 그림을 그리는 종이에 신경을 집중하는 것이 아니라 그리는 대상을 천천히 관찰하는 데 많은 시간을 투자해야 한다. 즉 양질의 인풋이 양질의 아웃풋을 만들어낸다.

현 상황의 문제점을 찾아내려면 보이지 않는 행간을 살피며 그 의미를 파악하는 것이 아니라 사실을 있는 그대로 바라봐야 한다. 디자인 씽킹은 디자인의 이런 특징을 방법론에 그대로 적용한 것이라고 볼 수 있다.

3. 과제를 해결한다

디자인 씽킹을 통해 기존 제품이 새롭게 태어난 굉장히 흥미로운 에피소드가 있다. 아마 이 책을 읽는 독자들도 MRI를 찍어본 경험이 있을 것이다. 나는 몇 달 전 태어나서 두 번째로 MRI를 찍었다. 솔직히 기분 좋은 경험은 아니었다. 폐쇄공포증까지는 아니지만 15분이나 좁은 통 안에서 커다란 금속음을 듣는 것은 굉장히 불쾌한 일이었다. 어른인 나조차도 이렇게 힘든데 아이들에게는 분명 트라우마가 될지도 모르는 부정적인 경험일 것이다.

실제로도 많은 아이가 MRI에 대해 두려움을 느끼기 때문에 촬영을 하기 전에 진정제를 맞는다고 한다. 이 아이들의 공포심을 없애기 위해 디자인 씽킹으로 해결책을 마련하게 되었다. 해결 방법은 MRI를 검사용 기기가 아니라 미지의 세계로 모험을 떠나는 콘셉트의 체험형 놀이기구로 만들고, 기기 전체에 색을 입혀 마치 디즈니랜드의 놀이기구처럼 만드는 것이었다.

해적선처럼 보이는 MRI 기기에는 선장이 바다를 항해할 때 잡는 거대한 조타 핸들이 그려져 있다. 그래서 기기 안에 들어가면 해적선을 타고 넓고 넓은 바다를 모험하는 기분이 든다. 아이들의 기분을 불안함에서 두근거리는 마음으로 변화시킨 것이다. 그리고 이 바다 여행이 끝나면 방 반대편에 있는 해적의 보물상자에서 돈과 보물을 가지고 돌아가는 연출도 한다.

결과적으로 검사 전에 진정제를 맞는 아이들의 비율이 크게 줄어들었고, 하루에 MRI 촬영이 가능한 환자의 수가 늘어났다. 환자에게도, 기기 제조업체에도, 병원에도 전부 긍정적인 결과였다.

이 외에도 디자인 씽킹을 통해 다양한 노력과 개선이 이뤄진 예가 많다. 그런데 디자인 씽킹을 통해 어떤 계획이 실행되려면 일단 기존의 제품이나 서비스가 존재해야 한다. 즉 디자인 씽킹은 눈앞에 있는 '과제'에서 시작되는 문제 해결 도구인 것이다. 요즘은 혁신을 일으키거나 신규 사업을 시작할 때 디자인 씽킹을 활용한다고 한다. 1을 2로 만들거나 2를 3으로 만드는 데 디자인 씽킹만큼 유용한 도구도 없기 때문이다. 그렇지만 디자인 씽킹으로 0에서 1을 만들어낼 수는 없다.

디자인은 항상 과제에서 출발한다. 과제 해결을 위한 목표를 설정하고, 그 목표를 달성하기 위해 과거의 사례나 머릿속 서랍 안에서 해결의 단서가 될 만한 것을 꺼내 새롭게 조합하는 과정에서 새로운 발견 또는 발명이 이뤄진다.

새로운 가치를 만드는 예술적 사고

세상을 깜짝 놀라게 한 획기적인 제품이나 서비스 가운데 수많은 인터뷰와 시장조사를 거쳐 면밀하고 체계적인 마케팅 활동을 통해 만들어진 것이 과연 있을까? 아마 없을 것이다.

개인용 컴퓨터의 예를 들어보자. 컴퓨터가 대형 범용기만 있던 시대에 '개인이 사용할 수 있는 컴퓨터가 있으면 좋겠다고 생각하는가?'라고 묻는 설문 조사는 존재하지도 않았다. 이런 질문은 오늘날 '개인이 우주선을 소유할 수 있는가?', '우주선 가격이 어느 정도면 구매할 의향이 있는가?'라고 묻는 것과 같다.

아이폰이 등장했을 때도 마찬가지였다. 당시 마이크로소프트의 CEO였던 스티브 발머^{Steve Ballmer}는 기자들에게 "스티브 잡스는 큰 실수를 저질렀다. 키보드도 없고 크기도 큰데 가격은 500달러나 하는 전화다"라고 비판을 쏟아냈다. 하지만 그의 발언과는 반대로 아이폰은 모두가 잘 알고 있는 것처럼 폭발적인 히트를 기록했다. 또한 아이폰으로 인해 스마트폰이라는 새로운 '장르'까지 생겨났다.

휴대전화가 지닌 과제를 해결한다는 측면에서 보면 아이폰은 절대 좋은 제품이라고 할 수 없었다. 가격도 비싸고(당시에는 휴대전화를 거의 공짜로 나눠 주었다), 크기도 크고, 키보드도 없었다(당시에는 키보드가 있는 블랙베리가 직장인들 사이에서 많이 사용되었다). 때문에 발머의 그런 발언은 지극히 당연하고도 상식적인 것이었다.

그렇게 보면 아이폰은 기존의 휴대전화가 지닌 문제를 해결하기 위해 만들어진 것이 아니다. 새로운 가치를 창조한 것이다. 아이폰은 1984년 잡스가 미래의 전화라고 그린 '맥폰 MAC PHONE'이 20년 후 현실화된 것이었다. 가슴속에 품은 꿈을 실현한 이 행위야말로 예술이라고 할 수 있지 않을까? 다시 말하지만 예술이란 예술가가 자기 안에 있는 생각을 표현하는 것 또는 그 표현 행위다. 그래서 예술은 0에서 1을 만들어 낼 수 있다.

크리에이티브한
사람들

●

크리에이티브 클래스의 출현

'크리에이티브 클래스creative class'라는 말을 들어
본 적이 있는가? 크리에이티브 클래스란 토론토대학교 로트
먼 경영대학원 교수인 리처드 플로리다Richard Florida의 저서
《Creative Class: 창조적 변화를 주도하는 사람들Rise of the Creative
Class》에 등장하는 이들이다.

크리에이티브 클래스를 간단하게 표현하면 '가치가 있는
새로운 형태를 만들어내는 일에 종사하는 사람들'이다. 이들

은 크게 '슈퍼 크리에이티브 코어'와 '크리에이티브 프로페셔널'로 나눌 수 있다. 슈퍼 크리에이티브 코어는 사회나 실생활에서 활용할 수 있고 폭넓게 도움이 되는 새로운 형식이나 가치를 만들어내는 사람들이다. 구체적으로는 과학자, 기술자, 시인, 소설가, 예술가, 건축가, 엔터테이너 등이 있다.

이 슈퍼 크리에이티브 코어 주위에 크리에이티브 프로페셔널이 있다. 이들은 슈퍼 크리에이티브 코어가 만들어낸 새로운 지식과 가치를 활용해 문제를 해결한다. 주로 하이테크, 법률, 의료, 기업 경영 등 지식집약형 산업 분야에서 일하는 사람들이다.

크리에이티브 클래스에 속하는 사람들은 자기의 생각과 판단에 따라 일을 처리한다. 이들은 문제를 발견하고 해결하는 과정에서 창의성을 발휘해 새로운 가치를 창출한다. 따라서 이들이 주변에서 쉽게 볼 수 없는 극히 일부의 사람들이라고 생각하기 쉽지만 착실하게 그 수가 늘고 있다. 미국에서 크리에이티브 클래스를 구성하고 있는 기술자, 전문직, 경영자는 1946년에는 전 노동인구의 15퍼센트였지만 1980년대에는 20퍼센트가 되었고 2000년에는 33퍼센트로 전 노동인구의 3분의 1까지 증가했다.

예술가 재질 vs. 디자이너 재질

크리에이티브의 지향성, 즉 예술가와 디자이너의 선택과 진로에 관한 재미있는 이야기가 있다. 일본의 유일한 국립 예술계 대학교인 도쿄예술대학교의 미술학부에는 7개 학과가 있다. 유화과(정식 명칭은 회화과다), 디자인과, 조각과, 공예과, 건축과, 예술학과, 첨단예술표현과다.

당연한 이야기지만 화가를 지망하는 사람(예술 인재)은 유화과에 입학하고 디자이너를 지망하는 사람(디자인 인재)은 디자인과에 입학한다. 하지만 화가를 목표로 유화과에 입학했음에도 스스로 화가와 맞지 않는다는 사실을 깨닫는 학생이 몇명은 나오기 마련이다. 다른 동기생들보다 자신의 생각을 표현하고자 하는 충동이 약하거나 이런 충동이 애초에 자신에게 없다는 사실을 깨닫는 것이다.

이런 학생은 당연히 고민이 많은 대학 생활을 하게 된다. 그리고 대부분은 자신의 기술을 살려 취업하기로 한다. 스스로 예술 인재가 아니라는 사실을 인정하고 디자이너 인재의 길을 선택하는 것이다(참고로 도쿄예술대학교에서 취업하지 않는 학생의 비율이 가장 높은 과는 유화과이며, 취업률이 가장 높은 과는 디자인과다). 결과적으로는 디자인과 대부분 학생이 취업하는 광고회사나 영상제작회사 또는 제조업체의 디자인직 등에 입사한다.

재미있는 점은 유화과를 졸업한 디자이너 인재가 어린 나이에 디자인이나 광고 관련 상을 받을 확률이 높다는 사실이다. 그 이유는 아마도 일단 예술가가 되기 위해 대학교에 들어갔지만 스스로 예술가와 맞지 않는다는 사실을 깨달은 후부터는 항상 객관적인 입장에서 창작(제작)했기 때문일 것이다.

즉 예술이 하고 싶어 예술가를 지망했지만 스스로 예술과 맞지 않음을 자각한 사람들은 클라이언트 워크, 즉 의뢰인의 과제를 해결하는 일에서 능력을 발휘하는 것이다.

요즘은 혁신의 필요성이 강조되는 시대다. 디자이너 인재가 잘하는 일, 즉 1을 2로 만들거나 2를 3, 4, 5로 만들거나 10을 10의 상태로 오래 유지하는 일도 물론 중요하다. 이것이 불가능하면 우리가 안전하고 안심할 수 있는 환경은 유지될 수 없다. 하지만 우리를 둘러싼 환경은 매일 변화하고 있다. 당연히 차세대의 표준이 될 새로운 발견 또는 발명을 할 수 있는 인재, 즉 0에서 1을 만들어내는 인재가 필요하다. 이는 예술이 산업 혁신에서 얼마나 중요한 위치에 있는지를 보여주는 것이기도 하다.

• 4장 •

일상타파,

예술이 말하는 '최초가 되는 법'

2장과 3장에서도 언급했지만 예술은 감성이나 감각만
으로는 성립되지 않는다. 그러나 여전히 예술이라면
감성적이거나 감각적인 일면만 강조하는 경우가 많
다. 4장에서는 오카모토 다로岡本太郎와 빈센트 반 고흐,
두 거장의 사례를 살펴보면서 이들이 감성이나 아이
디어만으로 그림을 그린 것이 아니라는 사실과 그 배
경에는 확실한 논리가 존재한다는 점을 이야기하고자
한다.

'당연함'을
뒤집어라

철학 없는 예술은 없다

일본의 유명한 예술가 오카모토 다로의 "예술은 폭발이다!"라는 말은 예술의 감성과 감각적 특징을 잘 보여주는 상징적인 말로 알려져 있다. 하지만 폭발하기 위해서는 폭발시키는 도구가 필요하다. 화약도 있어야 하고, 화약을 폭발시키는 장치와 내연기관도 필요하다. 오카모토에게는 그것이 철학이었다.

그는 도쿄미술학교(현재의 도쿄예술대학교)를 중퇴하고 파리로 유학 갔을 때 곧바로 파리의 미술학교에 가지 않고 먼저 파리대학교 철학과에 입학했다. 그 나라의 철학을 이해하지 못하면 예술을 배울 수 없다고 생각했기 때문이다. 과연 그가 감성과 감각만으로 예술 활동을 하는 사람이었다면 그 나라의 철학을 배우려고 했을까? 그가 남긴 몇 편의 글을 읽어보면 전부 논리에 바탕을 두고 있다는 사실을 알 수 있다.

물론 오카모토는 굉장히 뛰어난 감성과 감각을 가진 사람이기도 했다. 서양화 작가였던 내 아버지는 생전에 오카모토와 교류하며 있었던 이야기를 들려주었다. 당시 아버지는 오카모토와 종종 스키를 타러 갔다. 오카모토는 스키를 타다 넘어지면 반드시 이렇게 말했다고 한다.

"나는 넘어지지 않았어. 지구가 나에게 넘어진 거야!"

얼마나 독특한 감성인가. 아버지는 이 이야기를 몇 번이나 반복해 들려주면서 "오카모토 다로는 어떤 상황에서도 오카모토 다로다"라고 했다. 이처럼 오카모토는 논리와 감성을 골고루 갖춘 사람이었지만 대부분 사람은 그의 감각적인 일면밖에 보지 않았다.

아버지와 오카모토의 또 다른 일화를 소개하자면 이렇다. 아버지가 그를 처음 만난 것은 미술대학교에 다니던 때였다.

학교 축제의 실행위원이었던 아버지는 미리 약속하지 않고 오카모토의 작업실을 찾아가 강연 의뢰를 했다고 한다(당시에는 개인정보보호법이 없었기에 작업실 주소가 전화번호부에 나와 있었다).

아버지가 작업실에 도착해 벨을 울리자 오카모토가 붓을 쥐고 나타났다. 미대생이라고 말하자 오카모토는 아버지를 작업실로 들어가게 해주었다. 그리고 그 자리에서 예정된 일을 전부 취소하고 강연 의뢰를 승낙했다고 한다. 시간이 흐른 뒤 아버지는 일정을 전부 취소하면서까지 강연을 승낙했는지 물어봤다. 그러자 그는 다음과 같이 대답했다고 한다.

"그림을 그리는 자가 미래의 화가들을 위해 이야기를 들려주는 것은 무엇보다 중요한 일이죠. 그 이상으로 제게 중요한 일은 없지 않을까요?"

그는 감성과 논리뿐 아니라 예술에 대한 열정까지 넘쳐흐르는 사람이었다.

예술가의 열정과 이성

오카모토 다로의 그림을 보면 감각과 열정이 넘치는 붓 터치로 새하얀 캔버스에 생각나는 대로 그렸다고 느낄지도 모르겠지만 실제로는 전혀 그렇지 않다. 그는 먼저 그리려고 하는 그림을 축소한 에스키스(밑그림)를 아주 구체적으로 그렸다. 커다란 캔버스에 그릴 때는 이 밑그림을 옆에 두고 확대해서 그렸다고 한다. 그는 새하얀 캔버스에 단지 감각과 감성만으로 그려나간 사람이 아니었다. 그는 이렇게 말했다.

"모든 것은 충동에서 시작됩니다. 하지만 뛰어난 충동은 나중에 계산이 따라오기 마련입니다."

이는 번뜩거리는 아이디어가 단순히 즉흥적으로 떠오른 생각이 아니라는 뜻이다.

고흐는 CG처럼 그림을 그렸다?

세계적 예술가 빈센트 반 고흐 Vincent van Gogh 는 매우 충동적으로 보이는 필치(터치) 때문에 '불꽃의 화가'라고 불리기도 한다. 누가 봐도 바로 고흐의 그림이라는 사실을 알 수 있는 특징적인 필치나 색의 사용도 그렇지만 무척이나 파란만장했던 그의 인생 역시 불꽃의 화가로 불리게 된 데 한몫했다.

고흐의 그림은 영혼이 느끼는 그대로 충동적으로 그린 것이라고 흔히들 생각한다. 하지만 실은 오카모토의 그림처럼 굉장히 논리적이고 냉정한 계산 하에 그린 것이다. 내가 주최하는 강좌의 강사로 오랜 기간 도쿄예술대학교의 유화기법재료 연구실에 있었던 화가는 이렇게 말했다.

"고흐는 결코 흘러가는 대로 그림을 그리지 않았습니다. 오히려 동시대 다른 화가들보다 훨씬 더 논리적으로 그림을 그렸습니다."

그의 분석에 따르면 고흐가 그림을 그리는 방식은 다음과 같았다.

1. 천천히 시간을 들여 혼색한다

혼색이란 색을 섞어서 화가가 표현하고 싶은 색을 만드는 작업이다. 색상환이라고 불리는 컬러 로직을 바탕으로 색을 만들어낸다. 간단하게 설명하면 색에는 사이언, 마젠타, 옐로 삼원색이 있는데, 이 세 가지를 섞어서 색을 만든다. 예를 들어 사이언과 옐로를 각각 100퍼센트로 섞으면 초록색이 된다. 그리고 사이언과 마젠타를 각각 100퍼센트로 섞으면 청보라색을 만들 수 있다. 현대의 화가들은 컬러 로직에 따라 물감을 섞어 색을 만들어 그림을 그려왔다.

그림 4　사이언, 마젠타, 옐로를 원색으로 한 색상환

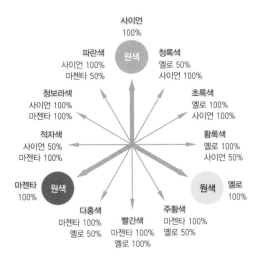

고흐의 대표작인 〈해바라기〉, 〈아를르의 포룸 광장의 카페 테라스〉를 비롯한 그의 그림에는 옐로 색상이 많이 나온다. 그런데 그림을 잘 살펴보면 같은 옐로 계열이라도 갈색이 도는 옐로, 초록색이 섞인 옐로 등 미묘하게 톤(색조)을 변화시킨 다양한 종류의 옐로 색상이 사용되었음을 알 수 있다. 즉 고흐는 감정에 이끌려 색상을 선택한 게 아니라 머릿속에 입력된 색상환의 논리에 따라 옐로를 비롯한 여러 가지 색을 신중하게 혼색하여 자신만의 색을 만들어낸 것이다.

2. 색을 수놓듯 그린다

불꽃의 화가라고 불려서 그랬는지 고흐에게는 감성이 향하는 방향으로, 흘러가는 대로 그림을 그리는 이미지가 따라다닌다. 하지만 사실 그는 천천히 정성을 들여 혼색한 색을 하나씩 종이에 수놓듯 그림을 그렸다.

그림 5는 고흐가 1890년에 그린 〈까마귀가 있는 밀밭〉이

그림 5 **고흐의 그림에 담긴 계획성과 규칙성**

※빈센트 반 고흐, 〈까마귀가 있는 밀밭〉, 1890년.

다. 모든 필치는 짧은 선의 집합체로 구성되어 있다. 절대 아무렇게나 휘갈겨서 그린 난폭한 터치가 아니다. 짧은 터치의 집합체가 잘 어우러져 넘실대는 듯한 박력이 느껴진다. 이런 섬세한 표현이야말로 고흐의 진짜 얼굴이 아닐까?

3. PDCA에 따라 제작한다

앞서 소개한 두 가지 특징을 통해 알았겠지만 사실 고흐는 감정에 휩쓸리는 일 없이 굉장히 냉정하게 그림을 그렸다. 고흐의 제작 프로세스는 명확한 PDCA에 따라 이뤄졌다.

- **P**lan: 모티브(그리는 대상)를 정한다. 고흐는 살아 있는 동안 공상을 그린 적이 없었다. 현실에 존재하는 정물이나 풍경을 모티브로 삼았기 때문에 명확한 계획에 따라 머릿속 완성된 이미지를 생각하며 구도와 메인이 되는 색깔을 결정했다.
- **D**o: 면밀히 사전 준비를 한다. 고흐는 그림을 그리기 전에 용의주도하게 몇 종류의 색깔을 만들어 캔버스에 물감을 수놓듯 그림을 그렸다.
- **C**heck: 색을 몇 층씩 겹쳐서 아주 두껍게 그리는 것이 고흐 그림의 특징이다. 유화물감은 마를 때까지 시간이 걸리기 때문에(당시의

물감은 마르는 데 하루 정도 걸렸다) 마른 상태에서 그림을 객관적으로 보고 완성된 이미지를 기준으로 다음에 덧칠할 색을 냉정하게 생각했다.

- **A**ction: 덧칠할 색을 구상한 후에는 혼색 작업을 통해 몇 종류의 색을 만든 다음, 다시 창작 활동에 들어갔다.

고흐는 이 PDCA를 몇 번이고 반복해서 그림을 완성했다.

그림과는 대조적이었던 고흐의 생애

고흐가 생전에 유일하게 자신을 이해해준 동생 테오에게 보낸 편지를 정리한 《반 고흐, 영혼의 편지The Letters of Vincent Van Gogh》라는 책이 있다. 이 책에는 고흐가 색채에 대해 다음과 같이 쓴 부분이 나온다.

색은 그 자체로 뭔가를 표현한다(색을 빼놓는 일은 있을 수 없으며 이용하지 않을 수도 없다). 뭔가를 아름답게 만들어주는 것은 실제로 아름답고 또한 옳다. (…) 이 배경은 색채의 계산에서 저절로 자연스럽게 나온 것인 만큼 정말 아름답다. 이런 생각은 틀린 것일까?

이 글의 뒷부분에서도 고흐가 색채를 철저하게 연구해 그림을 감상하는 사람들이 어떻게 느낄지를 냉정하게 계산하고 있음을 알 수 있는 내용이 나온다.

한편 고흐의 그림이 자주 영상화된다는 사실에도 주목할 필요가 있다. 최근에는 2017년에 개봉한 영화 〈러빙 빈센트〉에서도 몇몇 작품이 애니메이션으로 재탄생했다. 이렇듯 여러 번 영상으로 만들어지는 가장 큰 이유는 그의 그림이 논리적으로 계층화되어 그려졌기 때문에 디지털 분석을 하기 쉬워서다.

이처럼 면밀하게 설계되었음에도 그의 그림은 살아 있을 때는 거의 팔리지 않았다고 알려져 있다. 이는 작품이 당대에 높은 평가를 받지 못한 것이 아니라 고흐의 성격이 어느 정도 영향을 끼쳤다고 생각된다. 당시 그림 판매상 몇몇은 그의 재능을 알아보고 그에게 위탁 판매를 제안했다. 하지만 그림 판매상들이 제시한 그림 가격이 그가 가깝게 지내던 화가들보다 낮았기 때문에 자존심 강한 고흐는 제안을 거절했다.

참고로 지금까지 그림 판매 관행을 보면 그림의 가격은 작품을 계속 낼수록 올라간다. 고흐도 그림 판매상이 매긴 가격에 따라 그림을 맡겼다면 그림의 가격도 점차 올라갔을 것이다.

하지만 그는 자신이 처한 위치를 파악하지 못하고 독선적으로 변해갔다. 이 점에서는 고흐도 논리적이지 못했던 것이다.

마지막으로 고흐와 관련된 흥미로운 일화 하나를 소개한다. 앞서 언급한 화가가 내게 해준 이야기인데, 예전에 한 광고회사에서 그에게 이런 요청을 해왔다고 한다.

"고흐가 팔레트에 물감을 힘차게 짜서 캔버스에 후려갈기듯 그림을 그리는 내용으로 광고 영상을 찍으려고 합니다. 그래서 고흐의 감정적인 붓 터치에 대한 선생님의 의견을 듣고 싶습니다."

그가 실제 고흐는 정반대로 작업했다고 이야기했더니 회사 측에서 상당히 곤란해했다고 한다.

크리에이터의 조건,
논리적 사고

●

수학을 잘하면 미술대학에 합격한다?

오카모토 다로와 고흐의 에피소드를 통해 예술계 거장들이 감성에만 의지해서 그림을 그린 것이 아니라는 사실을 살펴봤다. 실제로 많은 예술가는 그들의 사고나 그림에 수학적 논리를 바탕에 두고 있는 경우가 많다.

한 가지 사실을 더 생각해보자. 이 책을 읽고 있는 대부분 사람은 아마 고등학교 시절 미술대학 진학은 생각도 못 했을 것이다. 그렇다면 미술대학에 입학할 수 있으려면 어느 정도 실력이 있어야 할까?

일본에서 가장 들어가기 힘든 예술계 대학교인 도쿄예술대학교 미술학부의 정원은 총 234명으로 아주 적다. 학과별로 보면 가장 정원이 많은 유화과조차 55명으로 문이 굉장히 좁다. 참고로 도쿄예술대학교 홈페이지를 확인해보면 2018년 유화과의 경쟁률은 18.7 대 1이었다.

항간에서는 도쿄예술대학교에 합격하기 위해서는 재수를 넘어 3수, 4수는 당연하다고 한다. 예전에 나는 9수를 하고 합격한 사람을 만난 적이 있다. 말하자면 그는 초등학교 1학년부터 중학교 3학년까지 9년이라는 시간을 수험 생활에 쓴 것이다. 그 열정과 동기부여가 수년 동안 이어졌다는 점에 경의를 표할 수밖에 없었다.

상황이 이렇다 보니 도쿄예술대학교는 예술적 재능이 뛰어나 예술의 신에게 사랑받는 사람만이 들어갈 수 있다고 많은 사람이 생각한다. 재수하지 않고 합격한 사람은 더욱더 그럴 것이다. 구체적으로 그 비율을 공개하지는 않지만 재수하지 않고 합격한 학생의 수는 약 30퍼센트 정도라고 한다. 그런데 이 소수의 합격자에게 아주 흥미로운 공통점이 있다. 바로 중학교 때부터 고등학교 때까지 수학을 잘했다는 점이다.

또한 유화과에는 수년에 한 명 정도의 비율로 고령자가 합격하는 경우가 있는데, 이때 합격자는 대부분 이과 계열을 졸업한 엔지니어라고 한다. 이는 예술이 감성에만 의존하지 않는다는 점, 나아가 예술의 바탕에는 논리가 존재한다는 사실을 잘 보여준다.

데생은 논리와 감성을 융합하는 활동

도쿄예술대학교뿐만 아니라 일본의 미술대학교에 입학하려면 반드시 시험을 봐야 하는 과목이 있다. 바로 데생이다(실기가 필요 없는 예술학을 전공하는 학부나 학과에서는 데생 시험을 보지 않는 곳도 있다). 데생이 모든 예술의 기초가 되기 때문이다.

그렇다면 데생을 할 때는 어떤 능력이 필요할까? 도쿄예술대학교에 합격한 졸업생들의 이야기에 따르면 데생을 할 때 가장 중요한 것은 사물을 도형적으로 파악하는 논리적인 사고 능력이라고 한다. 하지만 이 점을 알아챈 사람은 극히 소수로, 입시학원에서도 사물을 도형적으로 파악하는 부분에 대해서는 가르쳐주지 않는다. 하지만 이들 졸업생은 모두 스스로 이런 사실을 발견한 것이다. 내 지인 중 한 사람은 이 사실을 깨닫고 전략적으로 연습해서 도쿄예술대학교에 합격했는데 잠시 그의 이야기를 소개하고자 한다.

2년 만에 도쿄예술대학교에 합격한 비결

그는 원래 문학부에서 미술사를 전공했지만 졸업할 때 미술의 역사밖에 배우지 못했다는 생각이 들어 도쿄예술대학교에 들어가기로 마음먹었다고 한다. 미술대학을 목표로 하는 사람 대부분은 어릴 때부터 그림 그리기를 굉장히 좋아하고 사람들로부터 그림에 재능이 있다는 이야기를 들으며 수년에 걸친 연습으로 단련된 사람들이다. 그런데 그는 대학을 졸업한 후에야 본격적으로 데생을 시작했다.

경쟁자들과의 차이를 좁히기 위해서는 입학의 문을 돌파할 수 있는 그림 실력을 효율적으로 높여야 했다. 방법을 찾다가 그가 도달한 결론은 도쿄예술대학교 졸업생들이 말한 '사물을 도형적으로 파악하는 능력'을 갈고닦는 것이었다. 원래 수학을 잘하던 그는 도형적인 사고법을 응용해 논리를 만들고 이를 데생에 적용하는 연습을 반복하면 반드시 합격할 수 있다고 확신하고 실행에 옮겼다. 그 결과 2년 만에 도쿄예술대학교 유화과에 합격할 수 있었다.

데생을 막 시작했을 때는 물론 그도 미술학원에 다녔다. 하지만 학원 강사들이 지나치게 감성에 의존해 지도해서 그만두게 되었다. 그리고 감성보다는 논리에 바탕을 둔 독자적인 방법을 개발해 계획을 세우고 연습했다.

이와 비슷하게, 내 강좌를 한동안 담당했던 한 여성 작가의 남동생도 원래는 이과였으나 후에 누나의 뒤를 따라 도쿄예술대학교에 들어갔다고 한다. 그는 고등학교 3학년 때까지 이과대학 진학을 준비하다가 문과대학도 아닌 미술대학으로 갑자기 진로를 바꾼 것이었다. 그 역시 본격적으로 그림을 그리기 시작한 지 2년 만에 멋지게 도쿄예술대학교 조각과(입학 정원 20명)에 합격했다.

우리가 막연하게 천재들만 합격할 수 있다고 생각하는 상식에서 보면 그림을 시작하고 2년 만에, 그것도 미술과는 거리가 먼 분야에 있던 사람들이 가장 들어가기 어렵다는 미술대학에 합격한다는 건 아주 대단한 일이다. 그렇게 보면 미술대학에 입학하는 데 필요한 실력은 타고나지 않아도 얼마든지 갈고닦을 수 있으며 그 기초로는 감성보다 논리가 중요하다는 사실을 알 수 있다.

논리라는 토대 위에 감성이 꽃을 피우다

어느 해 도쿄예술대학교 입시 시험에서 수험생에게 몇 줄의 문장을 주고 그 문장을 자기 나름대로 해석해서 그림으로 표현해보라는 문제가 나왔다. 이 문제는 언어를 통해 논리적으로 표현된 문장을 시각적인 표현으로 변환하는 능력을 시험하는 것이다. 감성을 붓에 담기 전에 문장을 확실하게 논리적으로 이해하는 능력이 필요한 문제다.

또 어느 해에는 우에노 동물원에 있는 생물을 그리는 실기 시험이 있었다. 합격자의 대부분은 동물원에서 사육되는 동물을 그렸지만(합격자라고 해도 겨우 55명이지만), 동물원 벤치에 아무렇게나 드러누워 있는 중년 남성을 그려서 합격한 사람도 있었다. 이 합격자는 "인간도 우에노 동물원 안에 있는 생물 가운데 하나다"라는 자기만의 논리에 따라 그림을 그려서 독특한 감성을 어필했다.

이런 시험 문제를 풀기 위해서는 논리뿐 아니라 예술적 직관과 감성이 모두 필요하다. 즉 논리력(이 경우는 독해 능력)이라는 토대 위에서 자신의 감성으로 만들어낸 가치 있는 아웃풋을 내놓을 수 있어야 한다. 논리에 기반한 사고로 대상을 파악하고 직관과 감성의 융합으로 그림을 완성하는 힘이 필요하다는 사실을 여실히 보여주는 사례다.

결국 데생은 논리와 감성을 융합하는 기초적인 활동이다. 축구에 비유한다면 드리블, 리프팅, 패스 주고받기라고 할 수 있다. 얼마 전 TV에서 전 축구 국가대표팀 감독 오카다 다케시岡田武史를 비롯해 라모스 루이Ramos Ruy, 기무라 가즈시木村和司 등 왕년의 축구 선수들이 토크 방송에 출연한 장면을 봤다.

여기서 일본 축구가 약진한 기초를 만든 첫 외국인 감독 한스 오프트Hans Ooft(1992~1993년 일본의 축구 국가대표팀 감독)가 가장 중요하게 생각한 것이 패스 주고받기였다는 이야기가 나왔다. 당시 국가대표팀 선수들 중에는 왜 자신이 계속 패스만 해야 하는지 화를 내는 사람도 적지 않았다고 한다.

하지만 이 기초 연습을 반복하면서 국가대표팀은 점점 실력이 향상되었고 첫 아시아 챔피언도 될 수 있었다. 물론 월드컵에서는 최종 예선에서 떨어져 본선 첫 진출에 실패했지만 말이다. 당시에는 이를 '오프트 매직'이라 불렀다. 이처럼 스포츠에서도, 예술에서도 기초는 너무나 중요하다.

예술의 기초인 데생을 배우는 것은 논리를 배우는 것이기도 하다. 그리고 이 기초가 단단해야 비로소 감성이 꽃을 피울 수 있다. 감성과 논리는 말하자면 동전의 양면과도 같다. 하지만 대부분 학교의 미술 시간은 감성과 감각이 지배하고 있다. 이제 세계 각국의 미술교육에 관해 살펴보자. 이 미술교육의 차이야말로 혁신을 일으키는 근원적인 원인이기 때문이다.

논리와 감성의 결합으로
경계를 넘다

●

'미술 빼고 다 A'인 엘리트들

수십 년 전 일일지도 모르겠지만 어릴 적 사생 시간을 한번 떠올려보자. 학교가 지정해준 12가지 색 물감, 붓, 팔레트, 물통, 스케치북까지 다섯 가지 미술 도구를 준비하면 선생님이 그림을 그릴 장소(교내 또는 가까운 공원 등)와 마감 시간을 알려준다. 그리고 아마도 선생님은 이렇게 말했을 것이다. "좋아하는 색깔의 물감을 사용해서 자유롭게 그리고 싶은 것을 그려보세요."

학생들은 대부분 선생님의 지도를 받지 않고 자신의 눈과 감성에 의존해서 작품을 완성했을 것이다. 그리고 자유롭게 그려보라는 선생님의 지시대로 완성한 그림에는 명확한 평가 기준 없이 잘 그린 그림과 못 그린 그림이라는 평가가 내려지고 점수가 매겨진다. 다소 과장된 부분이 없지 않겠으나 대부분의 미술 시간은 이런 식으로 진행된다. 다시 생각해봐도 매우 불합리한 과정이다.

내 기억으로는 수재라는 말을 듣는 사람일수록 그림을 잘 그리지 못했던 것 같다. 시간이 지나 감성과 논리의 관계를 내 나름대로 정리한 후에 이 사실에 대해 다시 생각해봤다. 대체로 공부를 잘하는 사람들은 그림을 그릴 때 필요한 논리력이 뛰어남에도 불구하고 감성과 감각을 발휘해 자유롭게 그려보라는 지시에는 사고가 굳어버린다. 그 결과 다른 과목과 달리 좋은 평가를 받지 못하고 자신은 미술을 잘 못한다는 선입견을 갖게 된다.

내 강좌를 듣는 사람들 중에도 미술 빼고는 모든 과목에서 우수한 성적을 받은 사람이 많다. 나는 이와 같은 현상의 원인이 교육에 있다고 생각한다.

세계의 미술교육은 어떻게 이뤄지는가

미술교육은 물론 나라마다 다르겠지만 각기 명확한 목적과 이를 실현하는 방법이 존재한다. 여기서는 구체적인 사례를 토대로 유럽(북유럽, 독일, 영국)과 미국의 미술교육을 소개하고자 한다.

디자인으로 유명한 북유럽의 미술교육

북유럽에는 디자인으로 유명한 국가가 특히 많다. 도자기 브랜드 로얄 코펜하겐 Royal Copenhagen (덴마크), 완구 브랜드 레고 Lego (덴마크), 식기 제조업체 이딸라 iittala (핀란드), 인테리어 전문 브랜드 이케아 IKEA (스웨덴), 패션브랜드 H&M(스웨덴), 아웃도어 브랜드 헬리한센 Helly Hansen (노르웨이) 같은 기업은 전부 세련된 이미지를 가지고 있다.

북유럽을 방문한 사람들은 어느 나라에 가도 길마저 디자인되어 있다고 입을 모아 이야기한다. 특히 색채 감각이 굉장히 뛰어나다고 한다. 이렇듯 뛰어난 디자인을 만들어내는 북유럽 국가들의 미술교육은 어떨까? 이들은 아직 아무것도 모르는 어린아이일 때부터 감각을 익히고 다루는 법을 배운다고 한다. 예를 들면 128쪽에 소개한 색상환에 따라 매번 두 가지 색깔의 크레용을 준다. 잘 어우러져 안정적인 느낌을 주는 색 조합, 인상에 강하게 남는 색 조합 등 일부러 선택의 여지가 없게끔 색을 지정해주고 그림을 그리게 한다. 12색, 24색 물감을 준비해 자유롭게 그리게 하는 수업은 하지 않는다.

색상환에 따라 두 가지 색 조합으로 그림을 그리는 프로그램이 끝나면 다음에는 세 가지 색으로 늘린다. 이런 식으로 네 가지 색, 다섯 가지 색, 여섯 가지 색으로 조합하는 색의 종류를 늘려간다. 이렇게 하면 무의식중에 색 조합을 배울 수 있다. 머릿속이 새하얀 상태인 아이에게 양질의 정보를 제공해 색채 감각을 키우도록 하는 것이다.

이렇게 북유럽 사람들은 유아기에 양질의 정보를 습득해 색채 감각이 뛰어난 국민으로 성장한다. 북유럽의 제품이 감각이 좋다는 평가를 받는 근본적인 이유는 어릴 때부터 이뤄지는 미술교육 때문이라고 해도 과언이 아니다.

'보는 눈'을 키우는 독일

독일의 미술교육은 그림을 보는 눈을 키우는 것부터 시작한다. 미술 시간에는 미술관 투어를 반복한다. 어릴 때부터 수

많은 명화를 보면서 뇌에 양질의 정보를 입력하는 것이다. 계속 미술관 투어를 하다 보면 그림을 그리고 싶다고 말하는 학생들이 생기기 시작한다. 이런 학생들에게는 연필이나 붓을 주고 그림을 가르친다. 물론 모든 학생이 그림을 그리고 싶어 하는 것은 아니다. 여기서는 아이들의 자주성을 존중한다.

학생 전원에게 그림을 그리게 하는 게 아니라 그림을 그리고 싶어 하는 학생들에게만 단계별로 제대로 된 지도를 한다. 미술에 흥미가 있지만 그림을 그리는 데는 흥미가 없는 아이는 미학과 같은 학문의 길로 이끌기도 한다. 아이가 주체적으로 예술과 마주할 수 있는 환경을 만들어주는 것이다.

감상과 실행을 반복하는 영국

영국의 미술교육은 그림을 보고 무엇을 느꼈는지 이야기하는 것부터 시작된다. 우선 자신의 직관과 감성으로 느낀 점을 말로 구체적으로 표현한다. 그런 다음에는 기초적인 훈련을 반복한다. 예를 들면 계속 원을 그리거나 그리려는 대상의 그림자를 스케치북에 몇 장이고 계속 그리는 것이다. 아직 잘 알지도 못하는 감성을 끄집어내 자유롭게 그리게 하는 일은 절대 없다.

영국은 아직 계급의식이 강하게 남아 있어서 그런지 노동자 계급이 많은 지역에서는 미술이나 음악 교육에 특별히 중점을 두지 않기도 한다. 지역적인 차이가 꽤 크다는 것도 영국 미술교육의 특징이다.

미술은 대부분의 경우 초등학교까지는 필수 교육이지만 중학교 이후에는 선택 교육이 된다. 중학교에서 예술 과목을 선택하면 그림, 도예, 텍스타일, 영상, 현대예술 등 다양한 장르의 예술 수업 중 원하는 수업을 골라 전문가에게 지도를 받을 수 있다. 다시 말해 의무교육 단계에서는 기초적인 트레이닝만 하고 그 후에 관심 있는 분야를 더 깊이 배우는 것이다. 나아가 더 깊이 배우고 싶은 학생들은 미술대학에 진학한다.

미국의 합리적인 미술교육

미국의 미술교육은 다른 어떤 나라보다도 합리적이다. 감성이나 감각을 완벽하게 배제하고 우선 대상을 묘사하는 기술부터 가르친다. 첫 단계는 원기둥이나 육면체를 원근법 논리에 따라 그린다. 그리는 대상 앞에 4~12개 정도의 사각 모양의 눈금이 들어간 자를 두고, 이것을 통해 대상을 보면서 사각 모양으로 분해하여 구조적으로 그려나간다.

그림 6 수학적 원근법으로 그림 그리기

※알브레히트 뒤러, 〈나부를 그리는 소묘가〉, 1525년.

그림 6은 르네상스 시대의 화가 알브레히트 뒤러^{Albrecht-Dürer}가 수학적인 원근법을 기반으로 그림을 그리는 모습을 표현한 판화다. 이것은 미국의 미술교육을 그대로 보여주는 그림이라고 할 수 있다. 타고난 감성 또는 감각을 끄집어내기보다는 기술을 먼저 익힘으로써 그림을 그리는 방법을 알려주는 방식이다. 감성과 감각은 이후 자연스럽게 뒤따른다.

지금까지 북유럽 국가, 독일, 영국, 미국의 미술교육을 소개했다. 전부 해외 유학 경험이 있는 화가나 디자이너에게서 들은 이야기로, 지역에 따라 가르치는 방법에 차이가 있을지 모른다. 중요한 사실은 이런 국가들의 미술교육은 감성이나 감각에 의존하지 않고 다양한 학문과 이어져 있다는 것이다. 이들 나라에서 미술교육은 독립된 과목으로 존재하지 않고 수많은 전문 분야와 학문으로 연결된다.

감성과 논리가
상호작용하는 미술교육

그렇다면 왜 우리가 받은 미술교육은 이렇게 감성적인 걸까? 일본의 경우 뿌리 깊은 역사적 이유가 있다. 메이지유신이 일어나고 28년이 지난 1896년 도쿄미술학교 (현재의 도쿄예술대학교 미술학부)에 서양화과(현재의 유화과)가 신설되면서 서양화가 유행했다. 교관은 유럽에서 공부하면서 후기인상파의 영향을 크게 받은 화가들이 맡았다.

당시 가장 진보적인 집단이었던 후기인상파의 영향을 받은 이들은 느낀 그대로를 자유롭게 그리는 인상파 스타일의 미술교육을 실시했다. 그리고 이런 교수법과 사고법이 120년이 넘게 지난 지금까지도 아무런 발전 없이 그대로 남은 것이다.

하지만 고흐의 사례에서도 설명했듯이 인상파 화가들도,

당시의 도쿄미술학교 교관들도 예술의 바탕에 논리가 깔려 있다는 사실은 잘 알고 있었을 것이다. 그럼에도 불구하고 느끼는 그대로 자유롭게 그리는 감성적 측면만을 강조하는 분위기가 지금까지 이어져왔다.

오카모토 다로가 감성과 논리를 오가며 작품을 만든 것처럼, 고흐가 색상환을 기반으로 신중하게 계산해서 색을 만든 것처럼 본래 예술의 바탕에는 논리가 있다. 감성과 논리가 서로 영향을 주고받아야 본래의 예술이 지닌 의미와 힘을 충분히 발휘할 수 있다. 단순히 어느 한 측면만을 강조한 교육을 한다는 건 미래를 살아가기 위해 폭넓고 다양한 관점을 배우고 습득해야 할 아이들에게 너무도 불행한 일이다.

당신만의 스토리를
만들어라

●

혁신이라고 하면 일반적으로 '획기적인 제품이나 서비스를 만들어내는 새로운 가치의 창조'를 떠올린다. 피터 드러커도 "혁신은 생각과 상상으로 만들어진다. 즉 다른 발상이나 새로운 뭔가가 만들어진다는 뜻이다"라고 말했다. 히토쓰바시대학원 경영관리연구과 교수 구스노키 겐楠木建은 저서《경영 센스의 논리經營センスの論理》에서 혁신은 단순히 '새로운 뭔가를 하는 것'이 아니라 '생각이 떠오르는가, 떠오르지 않는가'의 문제인 경우가 대부분으로, 혁신의 본질은 전례가 존재하지 않는 비연속성에 있다고 말했다. 그의 말에 따르면 혁

신을 추진해 세상에 널리 스며들게 하려면 전략적으로서 스토리의 역할도 중요하다.

새로운 가치 창조, 새로운 발상, 비연속성 그리고 이런 생각을 널리 알리기 위한 스토리…. 이와 같은 것들을 일상에서 실천에 옮기고 있는 사람이 바로 예술가다. 그래서 예술의 역사는 혁신의 역사다.

여기서는 예술을 사례로 들어 혁신의 요소에 대해 자세히 살펴보고자 한다.

표현과 공유의 혁신을 이뤄낸 화가들

이 책에서 인상파의 이야기가 여러 번 등장하는 데는 이유가 있다. 인상파가 미술의 역사에서 큰 혁신을 이뤄냈기 때문이다. 여기서는 다시 한번 이들의 혁신적인 측면에 초점을 맞춰 이야기를 해보려고 한다.

앞서도 말했지만 인상파가 등장하기 전까지는 대상을 사실적으로 그리는 것이 중요했다. 당시의 클라이언트였던 왕족이나 귀족이 만족하도록 그리는 것이 전문 화가들에게 주어진 임무였다. 따라서 인상파 화가들이 전문 화가로서는 처음으로 '자신이 느끼고 생각한 것을 작품을 통해 공개적으로 표현한 것'은 표현의 혁신이었다. 즉 그전까지와는 전혀 다른 발상으로 새로운 표현을 한 것이다.

인상파 화가들이 해낸 것은 이뿐만이 아니었다. 이들은 그전까지는 세상에 존재하지 않았던 커뮤니티를 결성하기 시작했다. 당시 화가들이 작품을 발표할 수 있는 곳은 왕립 미술 아카데미가 주최하는 전람회인 살롱밖에 없었다. 그래서 이 살롱에 소속되지 않으면 작품을 발표하고 그림을 판매하는 것이 불가능했다. 고객이 왕족이나 귀족이었기 때문에 이 살롱에 소속되지 않으면 직업이 화가라고 말할 수조차 없었다. 즉 그림을 팔아 생계를 유지할 수 없었다.

인상파 화가들은 당시의 미술 아카데미의 기준에서 크게 벗어나 있었기 때문에 살롱의 심사를 통과하기 어려웠다. 그래서 이들은 직접 커뮤니티를 만들어 역사상 최초로 그룹 전시회를 개최했다.

지금은 소속 기업의 틀에서 벗어나 연계하는 오픈 이노베이션을 여러 업계에서 볼 수 있지만, 약 150년 전 표현의 혁신가들이 커뮤니티를 형성하여 세계 최초로 그룹 전시회를 개최한 실행력에는 주목할 필요가 있다. 이 그룹 전시회는 나중에 미국에서도 개최되어 미국인 실업가들이 작품을 고가로 구매하게 되었다. 인상파 화가들의 혁신적 생각과 실천이 미국 시장까지 개척하게 만든 것이다.

어둠 속에서 그림을 그리는 엔지니어

세계 최초로 방을 완전히 어둡게 하고 그림을 그린 사이 톰블리Cy Twombly는 말 그대로 아무도 생각하지 못한 것을 생각해낸 예술가다. 추상화든 구상화든 그림을 그릴 때는 당연히 캔버스나 스케치북을 반드시 보게 되어 있다. 전문 화가는 물론이고 유치원에 다니는 아이들조차도 이 사실에 대해서는 의문을 가지지 않을 것이다. 아무도 의심할 여지가 없는 이 당연한 일을 하지 않는 방법을 생각하고 실천에 옮긴 것은 혁신 그 자체다.

톰블리가 이런 아이디어를 생각해내고 실행에 옮길 수 있었던 것은 그의 경력이 크게 영향을 끼쳤던 듯하다. 그는 원래 엔지니어였다. 미국 육군에 들어가서는 암호 해독과 개발을 담당했다. 군대를 제대한 후 아트스쿨에 들어가 화가가 된 것이다.

그는 그림을 그리는 표현 행위는 자신의 의사로 그리는 것이 아니라 '암호 전파'처럼 하늘에서 내려오는 것을 수신해 캔버스에 출력하는 것이라고 정의했다. 그래서 그 어떤 주관도 들어가지 않도록 완전히 깜깜한 상태에서 그림을 그렸다.

이렇게 방을 어둡게 하고 그린 그림은 2015년 세계적인 경매회사 소더비즈Sotheby's의 경매에서 7,053만 달러에 낙찰되었다. 언뜻 보면 아이가 한 낙서로밖에 보이지 않는 이 그림에 수천만 달러의 가치가 매겨진 것이다. 이는 그전까지 당연하다고 믿던 것을 철저하게 부정하고, 아무도 생각하지 못한 방법으로 그림을 그리는 행위를 발명한 것이 높은 평가를 받았기 때문이다.

톰블리는 방을 완전히 어둡게 만들고 그린 작품 외에도 다양한 스타일로 그림을 그렸다. 예를 들면 캔버스에 문자를 나열하기만 한 작품인 〈비너스VENUS〉나 〈아폴로APOLLO〉가 있다. 이 작품들은 세계 최초로 그림이 없는 회화 작품이다. 회화 표현이란 그림을 그리는 것이라는 '당연함'을 뒤집은 것이다.

이처럼 예술은 표현의 혁신을 실천한다. 즉 새로운 가치를 창조한다. 새롭게 등장한 표현은 시간이 지나면서 널리 퍼지고, 이것이 보편화되면 과제 해결을 위한 디자인 도구 또는 모티브가 되기도 한다. 예술이 생각이나 표현의 도약을 이루면 그 뒤를 디자인이 따라간다.

골프에 비유하면 타이거 우즈가 골프계에 등장한 이후 많은 프로 골퍼가 그를 따라 비거리를 늘린 것과 같다. 처음엔 그들도 우즈의 비거리에 깜짝 놀랐다. 하지만 2~3년 후 그들도 비거리가 점차 늘어나 결국에는 우즈와 비슷해졌다. 이런 현상은 골프뿐만 아니라 마라톤, 100미터 달리기, 체조 등 다른 스포츠에서도 일어난다.

그림의 '연속성'을 파괴한
피카소의 큐비즘

세계에서 가장 유명한 화가인 파블로 피카소는 예술의 가치 자체를 크게 바꿔놓은 위대한 예술가다. 하지만 피카소의 어떤 부분이 혁신적인지 확실하게 알고 있는 사람은 많지 않다. 피카소는 큐비즘(입체주의)을 발명해 그림 표

그림 7 **큐비즘으로 회화의 혁신을 이룬 피카소**

※파블로 피카소, 〈아비뇽의 처녀들〉, 1907년. ⓒ Avalon/amanaimages,
ⓒ 2021 – Succession Pablo Picasso – SACK(Korea)

현 자체를 '스크랩 앤 빌드scrap and build(물리적·기능적으로 낡은 설비
를 폐기하고 고효율의 새로운 설비로 바꾸는 것-옮긴이)'했다.

피카소 이전의 그림은 풍경화든 인물화든 대상을 재현하는
것을 교의로 삼았다. 인상파 화가들은 자신이 느끼고 생각한
것을 캔버스에 표현하기는 했지만, 풍경화는 원근법에 따라
그렸고 인물화 역시 인체 구조에서 벗어나 그리는 일이 없었

다. 이런 상황에서 큐비즘은 그전까지 누구도 의심하지 않았던 그림의 상식을 뒤집었다. 인간의 얼굴을 예로 들어보면 얼굴의 정면과 측면을 동시에 본다는 것은 불가능하다. 하지만 피카소가 그린 추상화에는 정면과 측면의 얼굴이 같은 화면 위에 동시에 그려져 있다.

큐비즘은 기존의 시각 논리를 분해하고 단편화하여 재구축한다. 피카소의 인물화(대부분 여성)에서 발견할 수 있는 특징은 어느 쪽을 보고 있는지 알 수 없는 사람이 많다는 것이다. 이는 '시각 양식의 혁명'이었다. 피카소는 회화를 새로운 차원으로 옮겨놓으면서 르네상스 시대에 완성된 서양미술의 기본 논리를 파괴했다. 즉 그림의 연속성을 끊어버린 것이다.

세계 최초의 큐비즘 작품인 피카소의 〈아비뇽의 처녀들〉을 처음 본 동료 화가들은 "피카소는 곧 이 그림 뒤에서 목을 맬 것이다. 이 시도는 절망적으로 보인다"고 말했다. 화가들의 생계를 책임지고 있던 그림 판매상들도 그의 그림을 "미친 짓"이라고 불렀다. 대부분 사람은 지금까지 없었던 것을 보면 강한 거부 반응을 보인다. 그러나 이후 5년도 채 지나지 않아 큐비즘은 새로운 표현 수단으로 자리 잡았고 그림뿐만 아니라 조각이나 공예에도 큰 영향을 끼쳤다.

대량생산·대량소비라는 스토리

최근 스토리 또는 문맥이라는 말을 자주 듣곤 한다. 사업을 하거나 브랜드를 구축할 때도 제품을 만들지 말고 스토리를 만들라고 말한다. 그만큼 스토리가 중요해진 시대다. 그런데 스토리로 표현하는 방식을 이미 약 60년 전에 실천한 예술가들이 있었다. 바로 앤디 워홀을 비롯한 팝아트 예술가들이다.

그전까지 예술은 예술가들이 직접 자신이 느낀 것을 표현했다. 극단적으로 말하면 무슨 일이 있어도 흔들리지 않고 주의를 신경 쓰지 않고 계속 능동적으로 자기표현을 했다. 그런데 팝아트는 당시의 시대 흐름을 적극적으로 흡수하고 작품에 반영했다. 팝아트가 크게 유행한 1950년대 후반부터 1960년대 까지는 대량생산·대량소비의 시대이자 대중 미디어가 활발히 보급된 시대였다.

앤디 워홀은 이런 흐름을 작품에 직접적으로 반영했다. 예를 들면 슈퍼에서 파는 흔해빠진 수프 통조림이나 당대 가장 인기가 많았던 마릴린 먼로의 초상화 등을 작품의 대상으로 삼은 것이다. 그는 당시 예술가들이 눈길도 주지 않고 일반인

들도 단순히 소비재로만 인식하던 것을 모티브로 삼아 실크
스크린이라는 기법을 사용해 작품을 '대량생산'했다.

그전의 예술 작품은 예술가가 직접 한 점 한 점 완성하는 게
정석이었다. 하지만 워홀은 팩토리^{The Factory} 라는 작업실을 차리
고 자신이 공장장이 되어 직원들에게 지시를 내려 작품을 만
들게 했다. 인상파 이후 확립된 작품 제작 스타일을 완전히 바
꿔버린 것이다. 그는 대량생산·대량소비 개념을 예술의 현장
에 가지고 들어와서 예술도 소비되는 제품이라는 자신의 스
토리를 확립하고 실행으로 옮겼다. 그리고 그의 예상대로 예
술 작품이 거래되는 거대한 시장이 만들어지면서 예술의 자
산가치는 점점 더 높아지기 시작했다.

"잘나가는 비즈니스는 무엇보다도 매력적인 예술이다^{Being}
^{good in business is the most fascinating kind of art} ."

워홀의 이 말은 예술을 비즈니스로 만든 그만이 할 수 있는
말이라고 생각한다.

그가 활약하던 시대는 미국과 구소련의 냉전 시대였다. 그
래서 그의 작품 중에는 마오쩌둥의 초상화나 당시 소비에트
연방 국기를 모티브로 한 작품이 많다. 이런 작품은 현대의 전
쟁화라고도 할 수 있는데, 물론 세계대전 시기에 그려진 전쟁

화처럼 승리를 기뻐하는 모습이나 전투기 등이 적을 향해 진격하는 모습을 그린 것은 아니다. 마오쩌둥의 얼굴을 빨간색과 자주색으로 마구 칠한 초상화, 공산주의를 모티브로 삼아 망치와 낫을 팝아트로 표현한 작품 등을 통해 그는 적을 조소의 대상으로 아이콘화했다. 사람들은 이를 보고 '왜 마오쩌둥의 얼굴을 강렬한 색으로 마구 칠한 거지?', '왜 공산주의의 상징인 망치를 그림책의 삽화처럼 그린 거지?'라고 의문을 품는다. 이 의문에서 시작되는 이야기가 바로 워홀이 보여주고자 했던 스토리인 것이다.

• 5장 •

발상력,

아트 씽킹을 기획에 응용하기

예술가들은 기존의 발상을 뒤집거나 그전까지 아무도 생각하지 못한 것을 떠올리거나 연속성을 끊어버리거나 흔하디흔한 것에 스토리를 부여하는 방법으로 예술의 세계에서 혁신을 일으켰다. 이들의 사고법을 비즈니스에 응용할 수 있다면 0에서 1을 만들어내는 혁신이 가능할 것이다. 실제로도 혁신적인 상품의 탄생 배경에는 분명히 예술이 존재했다. 5장에서는 그 구체적인 사례를 소개하면서 예술가들의 사고법을 어떻게 배울지 살펴본다.

머릿속 한계를
뛰어넘는 사고법

논리와 감성의 절묘한 균형으로 새로운 가치가 탄생하는 것, 이것이 예술이 지닌 역동성이자 힘이다. 이와 관련해서 보면 예술가는 각자 자신만의 작업 스타일을 가지고 있다. 먼저 콘셉트를 확실하게 정한 다음 작품을 만들기 시작하는 작가도 있지만, 직관적으로 작품을 만든 다음 그 깊숙한 부분에서 논리를 찾아내는 작가도 있다.

미켈란젤로Michelangelo나 앤디 워홀처럼 작업실을 차리고 콘셉트를 생각한 다음 스태프들과 함께 프로젝트 형식으로 작품을 완성해가는 유형이 있는가 하면, 피카소나 고흐처럼 처음부터 끝까지 혼자서 작품을 완성하는 유형도 있다. 오카모토 다로는 그림은 자신의 손으로 직접 그렸지만 오사카 만국박람회의 상징인 〈태양의 탑〉은 다른 사람들과 같이 만들었다. 오카모토처럼 작품에 따라 작업 방식을 달리하는 예술가도 있다.

그런데 작품을 혼자서 만들건, 프로젝트 방식으로 만들건 예술가의 열정적인 감정과 흔들리지 않는 의지가 새로운 가치를 만든다는 사실에는 변함이 없다. 2장에서는 편의상 '감성으로 문제를 제기하고 가치를 창조하는 것'을 예술이라고 정의했지만, 4장에서 살펴본 것처럼 감정이나 의지를 표현하기 위해서는 논리가 필요하다. 감성만으로 또는 논리만으로는 작품을 완성할 수는 없다.

실제로 내가 아는 한 예술가들은 확실하게 자신의 작품을 말로 표현할 수 있다. 작품에 관해 물어보면 아주 상세하게 설명하기도 한다. 과거의 위대한 예술가들도 그랬을 것이다.

이렇게 예술가들이 매일 실천하는 감성과 논리의 양쪽 바퀴가 돌아가는 이 사고법을 '아트 씽킹(예술적 사고)'이라고 한다. 최근 주목을 받고 있는 이 아트 씽킹을 통해 개인이 가진 직관력, 창조력, 감성을 모두 끌어올려 논리와 융합시키면 이 세상에 없는 새로운 가치가 탄생한다.

그런데 이 아트 씽킹은 결코 예술가들의 전유물이 아니다. 예전에 만났던 외국계 전략 컨설턴트가 이런 이야기를 한 적이 있다. "경영자는 모두 예술가이며 컨설턴트의 일은 예술가가 그리는 큰 그림의 완성을 돕는 것입니다."

생각해보면 비즈니스에서도 새로운 가치를 창출하는 혁신가는 전부 아트 씽킹을 통해 획기적인 상품이나 서비스를 만들어왔다. 그러면 아트 씽킹을 통해 탄생한 혁신적인 상품들을 한번 살펴보자.

모두가 팔릴 리 없다고 했던 '워크맨'

소니^{Sony}의 워크맨은 아트 씽킹을 통해 탄생한 대표적인 상품이라고 할 수 있다. 워크맨은 면밀한 시장조사를 통해 소비자의 수요를 파악하고 시험적으로 판매해본 다음, 개선과 개량을 거쳐 시장에 투입된 상품이 아니다. 아주 개인적인 바람, 즉 개인의 감성에서 출발한 상품이다.

워크맨이 개발된 1970년대는 소니가 세계로 뻗어나가며 성장하던 시대였다. 소니의 공동 창업자 이부카 마사루[井深大]는 당시 전 세계를 종횡무진하며 출장이 잦은 바쁜 나날을 보내고 있었다. 그는 좋아하는 클래식 음악을 비행기 안에서도 듣고 싶었다. 그래서 휴대할 수 있는 소형 재생 전용 기기의 제작을 부하직원에게 부탁했다. 어디까지나 개인적으로 사용하기 위해서였다.

이부카는 부하직원이 만든 재생 전용 기기를 비행기 안에서 사용해보고 굉장히 높은 수준의 음질에 감동했다. 분명 전 세계 사람들도 감동할 것이라고 확신한 그는 귀국하자마자 후에 워크맨이라는 이름이 붙은 재생 전용 기기의 출시를 결정했다.

그런데 소니의 영업 부서에서 녹음 기능이 없을뿐더러 스피커조차 없는 재생 전용 기기를 소비자가 살 리 없다고 격렬하게 반대했다. 당시 영업책임자는 임원 회의에서 '이런 게 팔릴 리가 없다'는 내용의 코멘트가 들어간 설문조사 결과를 내던지며 강하게 주장했다고 한다. 당시 영업 부서는 면밀한 시장조사를 통해 수요를 파악하는 마케팅 활동의 기본에 따라 답을 제시한 것이었다.

맹렬한 반대를 이겨내고 간신히 발매했지만, 개발 담당 부서가 원했던 월 10만 대의 생산은 이뤄지지 않았다. 초기 생산 물량은 겨우 3만 대에 불과했다. 1979년 7월에 발매된 워크맨은 처음 한 달 동안은 약 3,000대라는 부진한 판매량을 기록했다. 그런데 다음 달에 믿을 수 없는 일이 일어났다. 8월 말까지 초기 물량 3만 대가 전부 팔린 것이다.

워크맨은 일본에서 판매가 시작된 지 6개월 만에 해외에서도 출시되었다. 구로키 야스오黒木靖夫의 《중요한 것은 전부 모리타 아키오가 가르쳐주었다大事なことはすべて盛田昭夫が教えてくれた》를 보면 당시 워크맨이 얼마나 폭발적인 반응을 얻으며 세계적인 히트 상품이 되었는지 알 수 있다. 워크맨이 등장한 당시에는 '혁신innovation'이라는 말이 아직 일반명사로 사용되지 않았던 탓에 워크맨을 혁신이라고 부르지는 않았던 것 같다. 하지만 워크맨은 누구도 부정할 수 없는 혁신이었다.

소니는 일본에서 처음으로 테이프 레코더를 만든 회사다. 테이프 레코더는 이름 그대로 녹음기로서 녹음과 재생을 반복하는 제품이다. 그런데 녹음이 되고 그 녹음한 것을 재생할 수 있는 테이프 레코더의 상식을 그 제품을 최초로 만든 당사자가 직접 뒤집은 것이다. 개인의 열정과 직관, 감성이 어우러진 이 발상의 전환은 아트 씽킹 그 자체라고 할 수 있다.

워크맨의 등장으로 사람들은 이동하면서 음악을 들을 수 있게 되었다. 그리고 워크맨은 사람들의 음악 감상 스타일, 나아가 음악 업계 자체를 바꿔놓았다. 상품의 새로운 가치가 음악의 새로운 가치까지 만들어낸 것이다.

워크맨이 히트 상품이 되자 당시 가전제품을 만들던 아이와AIWA, 산요전기三洋電氣를 비롯해 수많은 제조업체가 이와 유사한 제품을 출시했다. 하지만 아이와도, 산요전기도 이제는 세상에 존재하지 않는다.

모방은 경제적인 합리성을 생각하면 굉장히 효율적이다. 개발 비용도 들지 않고 마케팅 샘플도 이미 나와 있다. 게다가 당시 소니는 늘 나서서 뭔가를 시도하는 모르모트(실험용 쥐) 기업이라고 조롱을 당하기도 했다. 하지만 결국 살아남은 기업은 어디인가? 바로 창조적인 도전을 이어온 소니다.

인상파 화가들의 사례를 다시 한번 떠올려보자. 그들이 처음 세상에 등장했을 때는 어설픈 그림을 그리는 화가들이라는 비난을 받았다. 그들 역시 표현의 모르모트였다. 그러나 그들은 전 세계 미술계를 완전히 바꿔놓았다.

피카소로 대표되는 큐비즘도 역시 처음에는 엄청난 비판을 받았으며, 스티브 잡스의 아이폰이 처음 세상에 나왔을 때도 마찬가지였다. 앞서 말했듯 마이크로소프트의 CEO였던 스티브 발머는 "세계에서 가장 비싼 휴대전화다. 키보드가 없으니까 이메일을 쓰기도 별로다"라고 야유했다.

단 네 사람이 만든 명차
'도요타 2000GT'

도요타 2000GT라는 스포츠카를 아는가? 지금으로부터 50년도 더 전인 1967년에 출시되어 1970년까지 3년간 단 337대밖에 생산하지 않은 본격적인 일본산 스포츠카다.

도요타 2000GT는 당시 세계에서 가장 빠른 차였던 포르쉐의 기록을 뛰어넘으며 세계 최고 속도를 기록하는 등 전설적인 슈퍼 스포츠카였다. 지금도 차를 좋아하는 사람들에겐 압도적인 지지를 받고 있다. 생산 대수도 적었기 때문에 일본 내 빈티지 자동차 시장에서는 최저 5,000만 엔, 해외에서는 1억 엔 이상으로 거래되고 있다.

도요타 2000GT는 도요타자동차Toyota自動車와 야마하발동기

Yamaha発動機가 공동 개발한 자동차다. 도요타가 기본적인 설계를 주도하고 야마하에 생산을 위탁하는 형태로 제조되었다. 당시 프로젝트 리더이자 제조책임자는 레이싱 대회에서 우승하는 자동차를 만드는 것이 목표였다. 그런데 사실 이 프로젝트는 회사의 전폭적인 지지를 받으며 출발한 프로젝트는 아니었다. 제조책임자는 처음에 각 부서에서 몇 명씩 뽑아서 프로젝트 팀을 만들려고 했지만 이 프로세스로는 전혀 인원을 모을 수 없었다.

결국 미국의 아트스쿨에서 유학한 젊은 디자이너에게 "레이싱에서 우승할 수 있는 고성능 자동차를 만들어보지 않겠나?"라고 제안해 스카우트하는 등 겨우 여섯 명을 뽑아 소규모 프로젝트 팀을 구성하게 되었다. 이 여섯 명 중에는 담당 이사와 테스트 드라이버도 포함되어 있었기 때문에 실질적인 팀원은 네 명밖에 되지 않았다(팀원이 적었기 때문에 테스트 드라이버는 디자인 어시스턴트의 역할도 겸해야 했다).

하지만 나는 도요타 2000GT의 성공은 이 팀이 소수로 구성되었기 때문에 가능했다고 생각한다. 도요타 2000GT의 디자인은 앞서 스카우트된 젊은 디자이너가 미국의 아트스쿨에서 공부하던 시절에 그린 몇 장의 스케치에서 시작되었다. 그

스케치에는 그가 주말마다 미국과 유럽의 자동차를 빌려서 드라이브한 경험에서 나온 이상적인 자동차의 모습이 반영되어 있었다. 따라서 도요타 2000GT의 기본 구상은 프로젝트 시작 이전에 디자이너의 개인적인 체험에서 시작되었다고 할 수 있다.

이 기본 구상을 바탕으로 디자이너, 엔진 담당 엔지니어, 자동차 섀시 받침 장치(서스펜션) 담당 엔지니어가 벽에 큰 모눈종이를 붙여놓고 온갖 시행착오를 반복하며 직접 설계도를 그렸다. 그런데 첫 전체 설계도가 완성되고 보니 다수의 디자이너가 분담해서 2주 정도 작업하는 분량을 디자이너 혼자서 일주일 만에 끝내버린 놀라운 일이 벌어졌다.

그다음에는 테스트 드라이버가 어시스턴트가 되어 디자이너와 둘이서 부품별로 상세한 설계도를 완성했다. 50년도 넘은 예전의 일이기 때문에 지금은 너무나 당연한 컴퓨터조차 없었다. 곡선을 긋기 위한 자도 몇 개나 특별 주문했다고 한다. 말도 안 되는 이야기뿐이지만, 프로젝트가 시작된 지 8개월 정도 지나자 모든 설계도가 완성되었다. 이 설계도를 바탕으로 야마하의 공장에서 프로토타입을 만들었고, 4개월 후 제1호 자동차가 탄생했다.

결과적으로 실무자 네 명과 디자인 어시스턴트 한 명(본업은 테스트 드라이버)이 1년 만에 자동차의 프로토타입을 완성한 것이다. 여기에는 적극적으로 협력한 야마하도 한몫했다. 내장에 쓰인 우드 패널을 만들 때는 야마하가 오랜 시간 악기를 제조하면서 축적한 노하우를 충분히 활용했기 때문에 격조 높은 공예품 같은 내장이 완성되었다.

나는 자동차에 대해 잘 알지 못하지만, 예측하건대 보통 한 대의 자동차를 완성하기까지는 적어도 수백 명 단위의 인적 자원이 필요할 것이다. 그런데 도요타 2000GT는 실무자 네 명, 어시스턴트와 담당 임원까지 합해 총 여섯 명이 만들었다. 어쩌면 여섯 명이었기 때문에 제조책임자부터 디자이너, 엔지니어까지 모두가 자신의 감성을 충분히 발휘할 수 있었던 건지도 모른다. 이 자동차가 제조된 지 50년 이상의 시간이 지난 지금도 일본은 물론 전 세계에서 사랑받을 수 있는 이유는 개인의 귀중한 체험에서 나온 창의성에 바탕을 두고 있기 때문이라고 할 수 있다.

도요타 2000GT는 당시 세계에서 제일 빠른 자동차였던 포르쉐의 기록을 갈아치우는 등 성능 역시 뛰어났다. 레이싱 대회에서도 우승해서 '우승하는 자동차 제조'라는 목표 역시 훌륭하게 달성했다. 더불어 도요타 2000GT는 아름다운 자동차이기도 하다. 아름다움과 성능을 동시에 갖춘 자동차로, 예술과 기술의 융합을 잘 보여주는 아트 씽킹의 대표적인 사례라 할 수 있다.

아트 씽킹으로
예술적 감성을 깨워라

●

누구에게나 예술적 감각은 있다

인간은 누구나 크리에이터이자 예술가다. 어린 시절을 한번 떠올려보자. 그때는 모래밭에서 성을 만들거나 눈사람을 만들거나 떨어진 나뭇잎으로 뭔가를 만들곤 했다. 소니의 창업자 이부카 마사루가 만년에 아이들의 정서교육에 힘을 쏟은 것도 이해가 된다. 그런데 많은 사람이 직관이나 감성, 감각을 타고나는 것이라고 믿는다. 이런 능력을 타고나지 않으면 예술가가 될 수 없다고 생각한다.

"아이는 누구나 예술가다. 문제는 어른이 되어서도 예술가로 남을 수 있는가다"라는 피카소의 말을 생각해보자. 직관이나 감성은 배울 수 있는 것이다. 아니, 배울 수 있다기보다는 누구나 가지고 있는 것이다. 다만 어른이 되면서 계속 유지하기가 어려워질 뿐이다. 그렇게 되는 이유 중 하나는 앞서 다룬 미술교육의 문제 때문이기도 하다.

감각을 깨우기 위한 최고의 훈련법

아마도 로지컬 씽킹은 사회에 나와 상사나 선배에게 배우거나 연수를 통해 익힌 사람이 대부분일 것이다. 사실 감각이나 직관도 로지컬 씽킹과 마찬가지로 트레이닝으로 일깨울 수 있다. 감각은 타고나는 것이라는 믿음을 가지고 있다면 의외라고 느낄지도 모르겠다.

여기서 재미있는 사실을 하나 살펴보자. 다음에 열거한 항목 중에 유전적인 요소가 가장 강한 것은 무엇일까?

• 스포츠(운동신경)

- 수학 실력

- 기억력

- 미술

정답은 바로 수학 실력이다. 다음은 스포츠(운동신경)이고 가장 유전적인 요소가 적은 것이 기억력과 미술이다(안도 주코 安藤寿康,《유전자의 불편한 진실遺伝子の不都合な真実》참고). 유전적인 요소가 적다는 것은 후천적으로 단련할 여지가 충분히 있다는 뜻이다. 굉장히 의외의 사실이다. 그런데 미술이야말로 아트 씽킹 능력을 가장 크게 향상시킬 수 있는 분야다.

그렇다면 감각을 일깨워 아트 씽킹을 실천하기 위해서는 구체적으로 무엇을 해야 할까? 답은 단순하다. 그림을 보고 (감상하고), 그림을 그려야 한다.

그림으로 새로운
지각의 문을 열다

●

감성과 논리를 동시에
사용하는 미술 감상

앞서 독일과 영국의 미술교육은 그림을 보는 것부터 시작한다고 했다. 그리고 2장에서 예로 든 수학자는 유학하며 연구가 힘들 때마다 미술관에 가서 그림을 감상하며 힌트를 얻었다고 했다.

2015년에 간행된 오쿠무라 다카아시奥村高明의 《경영 임원들은 미술관에 모인다エグゼクティブは美術館に集う》에도 그림 감상의 효

과가 잘 설명되어 있다. 이 책에 따르면 뉴욕의 경영 임원들은 출근하기 전에 미술관에 가서 그림을 감상한다고 한다. 머릿속을 정리하고 창의성을 높이기 위해서는 미술작품을 감상하는 것이 중요하기 때문이다.

일반적으로 '보다'라고 말할 때는 눈에 들어오는 것을 명확한 의도나 목적 없이 수동적으로 받아들이는 행위를 나타낸다. 하지만 '그림을 보다'에서 '보다'는 그림이라는 대상을 능동적으로 파악하고 사고하는 행위를 뜻한다. 그래서 그냥 눈으로 뭔가를 볼 때는 감성을 다루는 우뇌만 사용하지만, 미술작품을 볼 때는 생각하는 행위가 동시에 일어나기 때문에 논리를 다루는 좌뇌도 사용하게 된다.

지금까지 인생을 살면서 누구나 한 번 정도는 미술관에 가본 경험이 있을 것이다. 미술관에서 그림을 보고 나면 여러 가지 감정을 느끼게 된다. 사람에 따라서는 다소 피로감을 느낄지도 모른다. 누군가와 함께 갔다면 미술관에서 나와 카페나 레스토랑 같은 곳에서 그림을 본 감상에 대해 서로 이야기를 나눌 것이다.

이처럼 그림을 보는 행위를 통해 감성을 담당하는 감각 뇌와 논리를 담당하는 언어 뇌 사이를 생각이 왕복하면서 새로운 지각의 문이 열린다. 그러면서 우리가 알아채지 못하는 사이에 '관찰력'이 향상된다. 이렇게 보면 과학자가 미술관에서 그림을 보거나 뉴욕의 경영 임원들이 출근 전 미술관에 들르는 것은 굉장히 합리적인 일이라고 할 수 있다.

비주얼 씽킹 전략으로
새로운 발견 얻기

VTS^{Visual Thinking Strategies}(시각적 사고 전략)는 위에서 말한 그림 감상을 능력 개발 프로그램으로 만든 것이다. 이는 뉴욕현대미술관에서 미술 감상을 통해 관찰력, 사고의 다양성을 인정하는 법, 커뮤니케이션 능력을 육성하고자 개발했다. VTS 프로그램의 흐름은 크게 보면 다음과 같다.

1. 여러 사람이 한 장의 그림을 감상하고 서로 의견을 나눈다.
2. 전문가(주로 학예사)가 그림에 대한 상세한 설명(화가 소개, 미술사, 표현 기법)을 한다.
3. 전문가의 해설을 들은 후에 그룹 또는 개인이 느낀 점을 이야기한다.

이렇게 대화를 통해 미술작품을 감상하면서 감성을 일깨우고 이를 언어화하면 논리력까지 키울 수 있다. 음악을 녹음이 아닌 라이브 연주로 들음으로써 새로운 영감을 얻는 것과 마찬가지로 미술작품도 인쇄물이 아닌 원작 그림을 봄으로써 지금까지 느끼지 못했던 새로운 발견을 할 수 있다.

아트 앤드 로직으로 '그림 보는 법'

사실 그림에는 수많은 메시지가 숨겨져 있다. 그리고 그 메시지는 감성과 논리로 구성되어 있다. 여기서는 내 강좌의 '그림 보는 법: 구도편' 중 일부를 소개하고자 한다. 그림을 보면서 글을 읽으면 좋을 것 같다.

레오나르도 다빈치의 〈모나리자〉

그림 8을 천천히 보다 보면 안정감을 느낄 수 있다. 왜일까? 그 이유는 안정적인 삼각형 구도로 되어 있기 때문이다. 이런 식으로 그림의 큰 구조를 파악하면 '안정감'이라는 감성적인 부분을 논리적으로 언어화할 수 있다.

그림 8 **삼각형 구도의 그림이 주는 '안정감'**

※레오나르도 다빈치, 〈모나리자〉, 1519년경.

오귀스트 르누아르의 〈보트 파티에서의 오찬〉

그림 9에서는 사람들이 즐겁게 담소를 나누는 분위기가 전해진다. 이는 상하좌우가 균등한 대각선 구도로 되어 있어 조화로움이 느껴지기 때문이다. 이 대각선이 균등하지 않으면 면적이 큰 쪽이 면적이 작은 쪽을 지배하는 구도가 된다. 이런 구도는 전쟁화에서 많이 볼 수 있으며 지배하는 쪽과 지배받는 쪽에 대한 강렬한 인상을 남긴다.

그림 9 대각선 구도의 그림이 주는 '조화로움'

※오귀스트 르누아르, 〈보트 파티에서의 오찬〉, 1881년.

그림 10 **지그재그 구도의 그림이 주는 '시간'**

※가쓰시카 호쿠사이, 〈시가사진경 · 속새 베기〉, 1830년경.

가쓰시카 호쿠사이葛飾北斎의 〈시가사진경 · 속새 베기〉

그림 10의 인물을 보면 앞으로 먼 거리를 걸어갈 것이라는 인상을 받는다. 그 이유는 지그재그 구도와 관계가 있다. 다리를 건너서 왼쪽으로, 못을 돌아서 오른쪽으로 다시 왼쪽으로, 그 안쪽을 다시 오른쪽, 왼쪽으로 나아가는 것처럼 길이 그려

져 있다. 이 지그재그 구도 때문에 우리는 앞으로 오랜 시간이 걸릴 것이라고 느끼는 것이다.

이처럼 구도는 그림의 분위기와 인상을 형성해 우리에게 감정으로 전해진다. 하지만 여기서 소개한 '구도로 그림을 파악하는 방식'은 그림을 감상하는 행위에서도 극히 일부에 지나지 않는다.

예를 들어 〈보트 파티에서의 오찬〉을 보면 실크 모자를 쓰고 정장을 입은 사람과 밀짚모자를 쓰고 속옷 차림을 한 사람이 섞여 있다. 즉 다양한 계급의 사람들이 같은 장소에 모여 있다. 이는 프랑스혁명 이후 계급사회가 붕괴하고 있는 모습을 보여준다. 그리고 밝은 빛을 주 색상으로 선택해 밝고 즐거운 분위기를 표현했다.

그림을 보는 방법은 한 가지가 아니다. 천천히 그림을 보면서 자기 나름의 문맥을 완성해 의미를 부여하면 된다. 그리고 그 과정에서 느낀 점을 사람들과 이야기하며 사고의 다양성을 인정한다면 고차원의 커뮤니케이션이 가능해진다. 그림 감상이 인풋이라고 한다면 언어화하는 과정은 아웃풋이라 할 수 있다. 그냥 단순히 수동적으로 보는 것이 아니라 그림을 제대로 감상하는 과정을 꼭 한번 체험해보길 바란다.

데생으로 논리와 감성의
균형 잡기

●

약 500년 전 르네상스 시대에는 예술과 과학
이 같은 영역의 학문이었고 서로 보완하는 관계였다. 2장에서
설명한 것처럼 레오나르도 다빈치는 〈모나리자〉와 〈최후의
만찬〉을 그린 화가로 유명하지만 동시에 천문학자, 수학자,
해부학자, 발명가이기도 했다.

르네상스 시대에 완성된 데생은 그림의 기초다. 말하자면
산수의 구구단, 야구의 스윙 연습과 같다. 구구단을 모르는 상
태로는 인수분해가 불가능한 것처럼, 스윙 연습 없이는 홈런
을 칠 수 없는 것처럼 데생 없이는 붓에 감성을 담을 수 없다.

1장에서 소개한 IBM의 사례를 떠올려보자. IBM은 애플컴퓨터의 도약에 위기를 느끼고 미술 교사를 초빙해서 사내 엔지니어 200명에게 그림을 그리는 연수를 받게 했다. 이 연수는 그림 그리기를 통해 화가 또는 디자이너의 사고 회로를 모방해서 창조적인 과제 해결 능력을 키우는 능력 개발 프로그램이었다. 이런 프로그램을 도입한 이유는 그림에 필요한 기술, 즉 데생과 같은 기초 표현 방법을 익히면 예술가의 사고법을 배워 감성과 창의성을 일깨울 수 있기 때문이다.

문제 해결을 끌어내는
데생의 힘

그림 그리기의 기본인 데생은 논리와 감성의 양쪽 균형을 맞추는 행위다. 도쿄예술대학교의 합격자 중에 수학을 잘하는 사람들이 많은 것은 이 때문이다. 르네상스 시대에 예술과 과학이 같은 학문이었다는 사실도 같은 이유 때문이다.

데생을 연습하면 원래 누구나 가지고 있는 감성을 끌어내면서도 감각에만 의존하지 않고 논리를 이용하는, 즉 좌뇌와 우뇌 양쪽을 활용하는 하이브리드형 사고 스타일을 배울 수 있다. 그리고 이로써 과제를 독자적인 시점에서 발견하고 창조적으로 해결하는 힘을 기를 수 있다. 그러면 데생 기술을 배움으로써 키울 수 있는 능력을 구체적으로 살펴보자.

이미지를 구체화하는 힘

데생은 번역하면 '소묘'라는 뜻이다. 소묘는 본 그대로를 연필로 묘사하는 행위다. 눈앞에 있는 대상을 파악한 다음 자신이 생각하는 최종적인 이미지를 구체적으로 만들어나간다.

일단 머릿속 이미지를 그림으로 그려보면 미술관에서 그림을 보거나 일상에서 흔히 보고 경험하는 일에서도 사물을 보는 관점이 바뀌고 다양한 이미지를 축적하는 것이 가능해진다. 나아가 이런 그림 그리기는 최종적인 이미지를 설정하고 이를 위해 지금 할 일을 생각하고 실행하여 성과를 올리는 '백캐스팅backcasting'과도 공통점이 있다.

천천히 관찰하고 결과를 만들어내는 힘

화가나 디자이너가 데생을 할 때는 그리려는 대상을 관찰하는 데 전체 시간의 80퍼센트 이상을 투자한다. 의외라고 생각할지도 모르겠지만 실제로 종이에 그리는 시간은 그리 많지 않다.

면밀하고 정확한 인풋으로 뇌에 정확한 정보가 입력될수록 뇌의 출력이 높아져 연필을 잡은 팔의 출력도 높아진다. 이런 연습을 하다 보면 인지 편향을 배제한 상태에서 정확하고 객관적으로 사물을 보는 눈을 키울 수 있다.

이론을 학습하고 실천하는 힘

데생을 통해 논리력과 감성의 균형을 맞출 수 있다. 일도 마찬가지로 책상 앞에서 이론을 아무리 떠들어봐야 프로젝트는 진행되지 않는다. 반짝하고 아이디어가 떠오르는 감각에만 의존해도 금방 벽에 부딪히고 만다.

이론을 세우고 실행하기를 반복하다 보면 비로소 깊은 깨달음을 얻고 효율적으로 일을 진행할 수 있다. 그림은 감각만으로 그린다고 생각하기 쉽지만 실은 그렇지 않다. 감각만 사용해서는 데생에서 너무나 중요한 원근법을 적용할 수 없듯이 이론을 세우고 실행할 수 있어야 일을 체계적으로 진행할 수 있다.

전체를 통합하고 조화롭게 만드는 힘

데생을 완성하기 위해서는 따로따로 흩어져 있는 요소를 전부 연결해서 통합할 필요가 있다. 데생은 '전체적인 모습과 세세한 부분'을 오가는 과정을 계속 반복하다가 전체가 조화롭게 균형이 잡힌 순간에 완성된다. 말하자면 종이 위에서 어떤 이야기를 완성해가는 것과 같다. 이런 통합력은 프로젝트를 성공시키는 힘이기도 하며 애플리케이션 또는 시스템을 완성하는 데 필요한 기술이다.

• 6장 •

특별함,

상식을 깨부수는 훈련법 3

예술가의 사고법으로 알려진 아트 씽킹은 로지컬 씽킹의 한계를 뛰어넘어 비즈니스에서 혁신을 일으킨다. 아트 씽킹은 감각과 논리, 이론과 실천, 주관과 객관을 반복하는 것부터 시작되는데 이를 갈고닦기 위한 가장 좋은 방법이 데생이다. 6장에서는 이런 데생을 모두가 경험해보길 바라는 마음에서 연습 과정을 소개하고자 한다.

그리는 방법에도
우선순위가 있다

어릴 적 아무리 감성에 치우친 미술교육을 받았다고 해도 그림을 잘 그리는 아이나 '그림 천재'라고 불리는 아이가 반에 한두 명 정도는 있었을 것이다. 나 역시 어린 시절에는 그림 천재라는 소리를 들었다. 그 이유는 다른 아이들보다 그림, 그것도 명화를 볼 기회가 많았기 때문이다. 나는 특별한 재능을 가지고 태어난 것이 아니었다. 머리에 투입되는 정보의 양과 질이 다른 아이들보다 좋았던 것뿐이다.

나는 어릴 적 매주 미술관에 갔고 화가였던 부모님이 원근법을 사용해 그림을 그리는 모습을 옆에서 보곤 했다. 그래서 그림을 그리는 프로세스가 감각에만 의존하는 것이 아니라는 사실이 뇌에 각인되어 있었다. 그리고 북유럽 디자인의 장난감을 가지고 논 것도 색채 감각을 키우는 데 도움이 되었다. 나 자신도 모르는 사이에 어린 시절부터 서양식 미술교육을 받았던 것이다.

4장에서 해외의 미술교육에 관해 이야기했지만 대부분 나라가 일정한 논리에 따른 교육 시스템을 갖추고 있다. 그리고 미술을 가르칠 때 수학의 구구단에 해당하는 미술의 기초를 반드시 가르친다. 한번 생각해보자. 구구단을 외우기 전에 선생님이 칠판에 인수분해 문제를 적고 "자, 모두 답을 말해보자"라고는 말하지는 않았을 것이다. 우선 구구단을 먼저 배우고 나눗셈을 배우는 것처럼, 쉬운 것에서 어려운 것으로 조금씩 앞으로 나아갔을 것이다.

차의 세계에는 '수파리守破離'라는 말이 있다. 처음에는 스승의 가르침을 지키는(수) 것부터 시작한다. 그다음에 스승이 가르쳐준 방법을 자신의 방식과 비교하면서 더 좋은 방법을 연구하고 만든다. 이렇게 기존의 틀을 깨면('파') 최종적으로 스승의 방식과 자신의 방식 위에 서고, 곧 자유롭게 형식에서 벗어나는('리') 것이 가능해진다.

하지만 처음부터 "감성에 따라 자유롭게 그려보세요"라고 말하는 것은 '수'를 배우지 못한 사람에게 '리'를 요구하는 것이나 다름없다. 이런 교육을 한다면 대부분이 미술을 싫어하게 되는 것도 어쩔 수 없는 일이다.

관점을 바꾸는
드로잉 수업

여기서는 아트 앤드 로직 프로그램에서 데생의 '수'에 해당하는 것을 소개할 것이다. 아트 앤드 로직은 누구나 이틀만 배우면 놀랄 정도로 그림을 잘 그릴 수 있는 프로그램이다

그림 11은 수강생이 그린 것으로 수강 전과 수강 후의 그림이다. 겨우 이틀 만에 이렇게 변할 수 있는 이유는 5장에서 말한 그림 실력 향상에 필수적인 네 가지 힘(이미지를 가지고 구체화하는 힘, 천천히 관찰하고 결과를 만들어내는 힘, 이론을 학습하고 실천하는 힘, 전체를 통합하고 조화롭게 만드는 힘)을 이론적이고 효율

그림 11 아트 앤드 로직으로 향상된 미술 실력

※왼쪽은 수강생의 수강 전 그림이며 오른쪽은 수강 후 그림이다.

적으로 습득할 수 있는 프로그램으로 예술의 논리와 데생의 구구단을 익힌 다음 데생을 했기 때문이다.

그렇다고 해도 이 책에서 알려줄 수 있는 것은 예술의 논리 중 일부에 불과하다. 하지만 이 책에서 소개하는 과정을 한번 해보는 것만으로도 사고가 업데이트되어 새로운 관점과 방법을 얻을 수 있을 것이다.

위 수강생처럼 그림 실력을 높이고 싶다면 광고 같아서 죄송하지만 내 강좌를 수강하거나 데생 전문서로 공부하면 된

다. 데생 전문서로는 샤를 바르그^{Charles Bargue}의 《반 고흐가 사랑한 드로잉》, 나리토미 미오리^{成とみミオリ}의 《그림은 금방 능숙해지지 않는다^{繪はすぐに上手くならない}》를 추천한다.

그러면 연필을 준비하고 바로 작업에 들어가보자.

수업 1.
터치를 배우고 나의 사고 패턴 파악하기

막상 데생을 한다고 하면 왠지 긴장할지도 모르겠지만 여기서 중요한 건 잘하고 못하고가 아니다. 자신만의 터치를 잘 발전시켜 나가는 것이 중요하다. 그림 12를 보면 여러 가지 리듬의 터치로 그려진 선이 있다.

A는 아주 빠른 터치로 직선을 빠르게 그린 것이다. B는 구불구불하게 나무를 그린 것이다. 곡선의 연속으로 A보다 속도는 떨어지지만 비교적 빠른 터치다. C는 세로, 가로, 대각선을 일정한 간격으로 그린 것이다. 신중하지 않으면 그릴 수 없는 선이기 때문에 느린 터치다. D는 가장 느린 터치다. 대상을 보면서 천천히 그린 것으로 모사에 가깝다.

그림 12 **여러 가지 리듬의 터치로 그린 공원 풍경**

A. 아주 빠른 터치

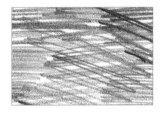

B. 빠른 터치

C. 조금 느린 터치

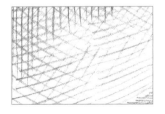

D. 느린 터치

터치 속도는 자동차나 자전거의 기어에 비유하면 이해하기 쉽다. 가장 빠른 A는 5단, B는 3단, C는 2단, D는 1단이다. 음악의 템포에 비유한다면 A는 알레그로(빠르게), B는 모데라토(적당히 빠르게), C는 안단테(느리게), D는 아다지오(매우 느리게)가 된다.

그림 13의 빈 사각형 안에 A, B, C, D의 순서대로 네 가지 터치를 연필로 그려보자(다음 페이지에 터치 예시가 있으니 참고하면 된다). 네 가지 터치로 다 그려봤다면 그다음에는 아래에 있는 가장 큰 사각형 안에 무엇이든 좋으니 자신만의 터치로 그려보자.

이 네 가지 터치 가운데 그리면서 가장 기분이 좋았던 터치는 어떤 것인가? '아주 빠른 터치'가 마음에 들었던 사람은 아마도 성격이 급할 것이다. 반대로 '느린 터치'가 마음에 들었던 사람은 느긋한 성격일 가능성이 높다.

컴퓨터의 경우 생각을 키보드로 입력하면 변환되어 스크린에 표시되지만, 연필은 생각이 종이 위에 직접 반영된다. 그래서 자신이 생각이 지닌 리듬이 그대로 보인다.

이제 가장 아래에 있는 사각형 안에 어떤 그림을 그렸는지 확인해보자. 먼저 그린 그림의 종류를 확인한다.

그림 13 **네 가지 터치 연습하기**

A. 아주 빠른 터치

B. 빠른 터치

C. 조금 느린 터치

D. 느린 터치

자신만의 터치

그림 14 **네 가지 터치 예시**

A. 아주 빠른 터치

B. 빠른 터치

C. 조금 느린 터치

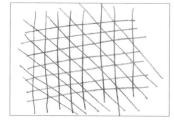

D. 느린 터치

자신만의 터치

A. 구체적인 것

B. 추상적인 것

그다음에는 그림의 시간 축을 확인한다.

1. 지금 이 순간에 눈으로 본 것

2. 이전에 본 것

3. 시간 축이 존재하지 않는 것

구체적인 것(A)을 그린 사람 가운데 지금 눈으로 본 것(1), 예를 들면 책상 위의 컴퓨터 등을 그린 사람은 굉장한 현실주의자일 것이다. 아마도 눈앞에 있는 일을 담담하게 하나씩 해나가는 사고 유형일 가능성이 크다. 추상적인 것(B)을 그린 사람 가운데 시간 축이 존재하지 않는 것(3)을 그린 사람은 추상적인 이미지에 따라 사고하는 유형일 것이다.

구체적인 뭔가를 그리면서 시간 축이 현재에 가까운 사람일수록 눈앞에 있는 현실과 마주하려는 생각이 강하고, 추상적인 뭔가를 그리면서 시간 축이 과거에 가까운 사람일수록 추상적인 사고를 하는 경향이 있다고 할 수 있다.

또한 필압(그림을 그릴 때 선의 진하기)은 정신 상태를 보여준다. 정신이 불안정하다면 필압이 낮은 경향이 있다.

이 과정을 통해 알 수 있는 것은 개개인이 가진 개성의 근원이다. 연습을 반복하다 보면 자신만의 터치가 점점 발전하면서 잠들어 있던 감성이 살아나 직관력도 좋아질 것이다.

수업 2.
관찰력을 키우고 인지 편향 이해하기

먼저 퀴즈를 하나 내겠다. 그림 15의 두 그림은 아이가 그린 그림이다. 왼쪽은 나의 조카딸이 그린 그림이고, 오른쪽은 두 살 반 정도 된 여자아이가 그린 그림이다. 이 두 그림 모두 눈이 아주 크다는 사실을 알 수 있다. 왜 아이들은 눈을 크게 그리는 것일까?

그 이유는 눈이 중요한 부분이라고 생각하기 때문이다. 눈으로 보호자나 친구 또는 자신을 인지하기 때문에 아이들은 눈을 적군과 아군을 구별하는 중요한 부분이라고 인식한다. 나중에 손이 발달하면 그때는 손을 더 크게 그린다. 이것도 역

그림 15 **아이가 눈을 크게 그리는 이유**

시 손이 먹을 것을 집어서 입으로 옮기는 중요한 부분이라고 인식하기 때문이다.

왜 이런 퀴즈를 냈을까? 그 이유는 정도의 차이는 있겠지만 우리가 사물을 있는 그대로 보지는 않는다는 걸 이야기하고 싶었기 때문이다. 아이들의 예는 극단적이기는 하지만 우리도 자신이 생각하는 대로 사물 또는 상황을 판단해버리는 경우가 많다.

이렇게 자신이 믿는 대로 인식하고 판단하는 것을 '인지 편향cognitive bias'이라고 부른다. 인지 편향은 우리가 눈앞에 있는 사물을 있는 그대로 파악하는 것을 방해하기도 한다. 예를 들면 인사이동 시기에 새로 올 부장에 대해 '이전 부서에서 무서웠다고 하던데, 너무 싫다'라고 생각하거나, 새로운 부하직원을 맞으며 '좀 특이하고 분위기 파악도 못 하니까 조심해야겠다'라고 생각하는 등 누군가를 직접 만나기도 전에 소문이나 평판을 듣고 선입관을 갖는 경우가 종종 있다. 평가가 잘못되었거나 지극히 일면일 가능성이 있는데도 불구하고 선입관 때문에 그 사람에 대해 잘못된 인상을 품게 된다.

데생도 마찬가지로 그리고자 하는 대상에 대해 우리가 이미 가지고 있는 이미지에 휘둘리는 경우가 있으므로 주의해야 한다.

그러면 이제 연습을 시작해보자. 그림 16을 보면 바위 위에 앉아 있는 점퍼를 입은 남자의 그림이 있다. 이제 이 그림을 따라서 그려볼 것이다. 그림을 그릴 때는 이 책을 거꾸로 뒤집어서 점퍼를 입은 남자라고 생각하지 말고 단순한 선의 집합체라고 생각하고 그린다.

그 외에는 어떻게 그리든 자유다. 자신이 그리고 싶은 부분부터 그리면 된다. 제한 시간 역시 없다. 팁을 하나만 주자면 거꾸로 뒤집은 그림을 보는 시간을 의식적으로 많이 가져보는 것이 중요하다.

그림을 다 그렸다면 그린 그림을 다시 거꾸로 돌려보자. 어떤가? 생각한 것보다 더 잘 그리지 않았는가? 이렇게 거꾸로 뒤집어서 따라 그리면 왜 더 잘 그리게 되는 것일까?

만일 이 그림을 거꾸로 뒤집지 않고 그대로 보고 그리면 많은 사람이 얼굴부터 그리기 시작한다. 왜 얼굴부터 그리는 것일까? 우리는 매일 출퇴근하는 전철 안에서, 회의 장소에서, 식사 모임에서 다양한 사람들과 만난다. 이때 우리는 사람의 다양한 부분을 전부 균등하게 보는 게 아니라 얼굴을 가장 자세히 본다. 매일 사람들의 얼굴을 보는 데 많은 시간을 쓰기 때문에 그림을 그릴 때도 얼굴을 먼저 그리는 것이다. 그리고 '잘 그려야 한다', '얼굴은 이렇게 그려야 한다'는 인지 편향 때문에 의식이 그 지점에서 멈춰 그림을 제대로 그리기 어려워진다.

하지만 그림을 거꾸로 뒤집어서 보면 단순한 선의 집합체로 인식하게 되어 인지 편향에서 벗어나 정확한 정보를 받아들일 수 있다(인풋). 그러면 뇌의 엔진이 돌아가기 시작하면서 연필을 잡은 팔이 움직이고 정확한 결과가 나온다(아웃풋). 그림을 뒤집어서 보고 그리면 그림을 더 잘 그리게 되는 것은 바로 이런 이유 때문이다.

그림 16 **점퍼를 입은 남자 그리기 1**

그림 17 **점퍼를 입은 남자 그리기 2**

그림 18 **골퍼의 사진 보고 그리기 1**

그림 19 **골퍼의 사진 보고 그리기 2**

수업 3.
사물을 여러 방향에서 보는 힘 기르기

그림 18 골퍼의 사진을 보고 그대로 그려보자. 너무 세세하게 묘사하지 말고 큰 윤곽선 위주로 그린다. 연필을 준비하고 시작해보자. 제한 시간은 5분이다.

다 그렸는가? 아마도 많은 사람이 그림 20에 표시된 윤곽선을 보고 따라 그렸을 것이다. 그렇다면 이 그림을 다시 다음과 같은 방법으로 그려보자. 잘 살펴보면 이 사진 안에는 삼각형이 두 개 있다(그림 21를 참고하라).

이 두 개의 삼각형을 그려보면 골퍼의 오른팔과 골프채의 선을 그린 것이 된다. 이렇게 삼각형을 그린 다음 윤곽선을 따라서 그려본다. 물론 지우개를 사용해서 수정하면서 그려도 된다. 제한 시간은 조금 전과 똑같이 5분이다.

다 그렸는가? 아마도 두 번째 방법이 더 그리기가 쉬웠을 것이다. 그 이유는 그리는 대상의 안에 있는 공간을 찾아서 그리다 보면 대상을 다양한 방향에서 볼 수 있기 때문이다.

이 공간을 보는 힘을 공간인지 능력이라고 한다. 공간인지 능력은 사물을 다각적인 측면에서 보는 힘이다. 고등교육기

그림 20 골퍼의 사진 보고 그리기 3

그림 21 **골퍼의 사진 보고 그리기 4**

두 개의 삼각형

그림 22 **골퍼의 사진 보고 그리기 5**

관에서 미술을 배운 사람들은 그림을 그리는 과정에서 이 공간인지 능력과 사물을 다각적으로 파악하는 힘을 기른다.

여기서 아래의 그림을 한번 살펴보자. 이것은 미국의 유명한 심리학자 조셉 제스트로^{Joseph Jastrow}가 소개한 착시 그림이다. 무엇이 보이는가?

이 그림은 대개 기업의 조직개발 연수 등에서 자주 사용된다. 대부분 사람은 오른쪽 또는 왼쪽, 즉 한쪽으로만 보기(보이기) 때문에 오리라고 생각하거나 토끼라고 생각한다. 같은 그

그림 23 제스트로의 착시 그림

림을 보고 있으면서도 인식이나 느끼는 방식이 다르다는 점, 사람은 쉽게 서로를 이해하지 못한다는 점, 우리는 우리가 생각하는 것 이상으로 시선이 좁다는 점을 보여주기 위해 이 그림이 이용된다.

이 그림을 화가와 디자이너 몇 명에게 보여주자 모두가 여기에 두 마리의 동물이 그려져 있다는 사실을 꿰뚫어 봤다. 이 그림은 오른쪽에서 보면 오리가 보이고 왼쪽에서 보면 토끼가 보이지만 공간인지 능력이 뛰어나면 양쪽이 모두 잘 보인다고 한다.

최근에는 디자이너로 활동하는 사람들이 비즈니스 컨설턴트로 활약하는 모습을 자주 볼 수 있게 되었다. 대표적으로 세븐일레븐7-Eleven, 기린맥주麒麟麦酒, 혼다자동차本田自動車의 디자인으로 잘 알려진 크리에이티브 디렉터 사토 가시와佐藤可士和를 들 수 있다.

MBA 스타일의 사고는 과거 여러 기업의 사례나 근거를 바탕으로 예전부터 축적된 시점에서 구조화 작업을 통해 과제를 해결한다. 반면에 MFA 스타일의 사고는 아무것도 없는 새하얀 캔버스에 그림을 그리거나 디자인을 하는 것처럼 대상을 다양한 각도에서 관찰해 과제를 발견하고 해결한다. MBA

는 축적형, MFA는 창조형이라고 말할 수 있을 것 같다.

　이상으로 세 가지 데생 연습을 소개했다. 이 연습은 회사원 또는 사업가를 대상으로 하는 과정으로, 아트 앤드 로직 프로그램에서 본격적인 데생을 시작하기 전에 몸풀기로 하는 부분이다. 이를 통해 창조적인 아트 씽킹의 문을 조금이라도 열 수 있다면 나로서는 정말 기쁠 것 같다. 사고를 더욱 업데이트하고 싶다면 본격적인 데생에 도전해보기 바란다.

누구에게나 있다,
발현되지 않았을 뿐

CEO가 된 오페라 가수

앞서 아트 씽킹이 혁신을 일으킨 사례를 몇 가지 소개했다. 그런데 그중에서도 아트 씽킹으로 비즈니스에서 혁신을 일으킨 가장 대표적인 사례를 꼽으라면 예술가 본인이 최고경영자가 된 소니의 전 CEO 오가 노리오大賀典雄가 이뤄낸 성과들을 말할 수 있다.

그가 소니의 공동 창업자 이부카 마사루와 모리타 아키오를 만난 것은 도쿄예술대학교 학생 시절 레코딩 스튜디오에서 전기계통의 설계 아르바이트를 하던 때였다. 그가 전자부품을 조달하기 위해 소니 본사를 찾아갔을 때, 소니의 두 창업자는 그에게 큰 관심을 보였다. 예술을 전공하면서도 엔지니어 수준의 지식과 아이디어를 지닌 그를 보고 놀란 창업자들은 스튜디오가 완성된 이후에도 그와 인연을 계속 이어가고자 했다.

오가가 대학교를 졸업하고 독일로 유학 갔을 때도 그 인연은 이어졌다. 그는 종종 소니의 의뢰를 받아 유럽의 전자기기 제조업체의 리포트를 작성해서 보내기도 했다. 그리고 귀국 후 프로 오페라 가수가 되었다.

그렇지만 소니와의 인연은 여전히 끊어지지 않았다. 어느 날 소니 공장을 견학하게 된 오가는 "소니의 디자인은 서양에 비해 부족하다"라고 말했는데, 곧장 소니로 들어오라는 말이 나왔다. 이것이 계기가 되어 오가는 오페라 가수 활동을 계속한다는 조건으로 입사를 결정했다.

오가는 입사하자마자 29세의 젊은 나이로 상품개발부 부장이 되었고 디자인에 대해 의견을 내면서 디자인부 부장을 겸하게 되었다. 또 광고에도 의견을 내면서부터는 광고부 부장도 겸하게 되었다. 결국 오페라 가수로서의 활동은 물리적으로 불가능해졌고 입사 2년 만에 그만두게 되었다. 이후 오가는 소니에 다양한 변화와 혁신을 가져왔다. 오가가 이뤄낸 대표적인 성과는 다음과 같다.

- **로고 변경**: 옥외광고가 비나 안개 속에서도 잘 보이도록 폰트를 두껍게 만들었다.
- **산업디자인 확립**: 모든 제품을 '블랙&실버'로 통일했다.
- **신문광고 디자인 통일**: 한눈에 소니의 광고라는 사실을 알아볼 수 있도록 디자인 포맷을 통일했다.

이 모든 것은 당시엔 아무도 생각하지 못했던 기업 브랜딩이다. 이 외에도 이용자의 편의성을 가장 중요시하여 제품의 기능을 단순하게 만들고 필립스와 함께 CD를 개발했다. 이때는 세계적인 지휘자 헤르베르트 폰 카라얀Herbert von Karajan에게 개발 고문을 맡기기도 했다. 또한 하드웨어와 소프트웨어를 모두 겸비한 조직을 만드는 등(CBS레코드와의 합작회사 CBS소니를 설립하고 컬럼비아 픽처스Columbia Pictures를 인수해 소니 픽처스를 설립했다) 비즈니스계에서도 다양한 성과를 이뤘다.

여기서 언급한 것 말고도 수많은 위업을 달성했지만 그의 인생에서 가장 놀라운 점은 소니 입사 전에는 비즈니스와는 전혀 관련이 없는 예술가였다는 사실이다. 회사에 입사해 상사에게 교육과 지도를 받으며 한 단계 한 단계 경력을 쌓아가는 당연한 과정 역시 없었다.

오가가 중요하게 생각한 것은 '다른 것을 따라 하지 않는다'였다. 이것이야말로 바로 아트 씽킹의 진수가 아닐까?

예술이란 천천히 스며드는 것

6장에서 세 가지 데생 연습을 소개했는데, 이 책을 읽은 사람 중에는 여기서 얻은 깨달음이나 아이디어를 내일부터 당장 업무에 활용하는 사람도 있을 것이다.

최근에는 아트 앤드 로직 프로그램을 기업 연수에 도입했다. 그런데 배운 것을 잘 소화해 일상 업무에 활용하는 사람이 있는 반면에 어떻게 활용하면 좋을지 전혀 감을 잡지 못하는 사람도 있다. 그러나 이런 문제를 당사자의 책임으로 돌려버리면 아무것도 하지 않느니만 못하다. 2장에서 소개한 스티브 잡스의 사례처럼 현장에서는 바로 깨닫지 못하지만 천천히 사고 속으로 스며들었다가 시간이 지나 구체화되는 경우도 있다. 오히려 이쪽이 아트 씽킹의 본질에 가깝다.

솔직히 말하면 예술을 공부했다고 해서 당장 내일부터 창의적인 아이디어가 분수처럼 솟아나는 것은 아니다. 사고의 업데이트에는 시간이 걸린다. 소니의 워크맨 사례를 다시 생각해보자. 워크맨은 어느 날 갑자기 떠오른 아이디어에서 탄생한 것이 아니라 이부카가 쌓은 다양한 경험과 깊은 사고가 직관이라는 형태로 떠오른 것이다. 예술 공부가 즉시 효과를 내기 바란다면 진정한 의미의 아트 씽킹을 손에 넣을 수 없다.

미의식이 미래를 만든다

얼마 전 일본의 전 축구 국가대표팀 감독 오카다 다케시가 한 방송에 나와서 흥미로운 이야기를 했다. 유럽 유학을 시작으로 전 세계 각국의 축구를 경험한 감독만이 할 수 있는 이야기였다.

"일본인 선수들은 정해진 시스템에 따라 경기하도록 지시하면 정해진 시스템에 따라서만 경기합니다. 그리고 자유롭게 경기하도록 지시하면 승패를 크게 신경 쓰지 않고 하고 싶은 대로 경기합니다. 하지만 유럽 선수들은 정해진 시스템 안에서 경기하면서도 때에 따라서는 시스템에서 벗어나 자신만의 창의적인 능력을 발휘하여 승리합니다."

이 말이야말로 감각과 논리의 융합을 잘 보여주는 말이 아닐까? 논리적인 사고는 시스템을 유지하기 위해 굉장히 중요하다. 하지만 이 세상에 없는 새로운 시스템을 만들려면 직관과 감각, 논리가 융합된 아트 씽킹이 필수적이다.

아트 씽킹의 근원은 미의식에 있다. 미의식은 본래 한 사람한 사람의 마음속에 존재한다. 내재되어 있는 미의식을 끄집어내서 제대로 표현할 수 있을 때 이전과는 다른 새로운 상상이 가능해질 것이다. 그리고 그 상상은 비즈니스의 혁신으로 연결될 것이다. 크리에이티브를 발현하기 위한 마지막 퍼즐은 당신의 예술적 감각이다.

예술은 어떻게 비즈니스의 무기가 되는가

예술은 어떻게 비즈니스의
무기가 되는가

초판 발행 · 2021년 12월 10일

지은이 · 마스무라 다케시
옮긴이 · 이현욱
발행인 · 이종원
발행처 · (주)도서출판 길벗
브랜드 · 더퀘스트
주소 · 서울시 마포구 월드컵로 10길 56 (서교동)
대표전화 · 02) 332-0931 | **팩스** · 02) 322-0586
출판사 등록일 · 1990년 12월 24일
홈페이지 · www.gilbut.co.kr | **이메일** · gilbut@gilbut.co.kr

책임편집 · 오수영(cookie@gilbut.co.kr), 김세원, 유예진, 송은경 | **제작** · 이준호, 손일순, 이진혁
영업마케팅 · 정경원, 최명주, 김도현 | **웹마케팅** · 김진영, 장세진 | **영업관리** · 김명자
| **독자지원** · 윤정아

디자인 · 김효정 | **교정교열** · 김순영 | **CTP 출력 및 인쇄** · 예림인쇄 | **제본** · 예림바인딩

ISBN 979-11-6521-775-4 03320
(길벗 도서번호 090146)

정가 : **15,000원**